Carlo Luciani

VELOCI PIÙ DEL TEMPO

I protagonisti italiani del Motorsport

dagli albori agli anni '70

Titolo: Veloci più del tempo. I protagonisti italiani del Motorsport dagli albori agli anni '70

Autori: Carlo Luciani, Michele Montesano

Copertina realizzata da Barbara Luciani

Titolo suggerito da Luca Colombo

INDICE

PREFAZIONE

Italiani, popolo di santi, poeti e...corridori. Il rapporto tra le corse automobilistiche ed il nostro Paese evidenzia sin dagli albori un legame assai stretto, quasi indissolubile, al punto da assumere in maniera pressoché unanime l'Italia al ruolo di vera e propria "culla del motorsport" a livello internazionale.

Forte di una tradizione che ha visto alcuni dei marchi più prestigiosi nascere proprio lungo lo Stivale (ed, in particolar modo, nella "celebre" Motor Valley), il Belpaese ha dato vita anche ad una lunga e ininterrotta striscia di piloti capaci di scalare le vette dell'automobilismo mondiale, seppur con alterne fortune.

Sin dal periodo intercorrente tra le due guerre mondiali, con "assi" del calibro di Nuvolari, Varzi e Campari, l'Italia è stata capace di distinguersi in tale ambito, proseguendo il proprio cammino vincente anche nei primi anni successivi alla nascita del Mondiale di Formula 1.

Non a caso, ben tre dei primi quattro titoli iridati furono terreno di conquista da parte di rappresentanti del Tricolore: dal primo successo conseguito da Nino Farina (primo campione mondiale della storia nel 1950) ai due trionfi centrati da Alberto Ascari nelle annate 1952-53, tutti ottenuti a bordo di vetture italiane.

Un trend capace di evidenziare un'egemonia pressoché assoluta del nostro Paese nei cosiddetti anni eroici del motorsport, supportato anche dalla presenza di Case in grado di esaltare l'audacia e la creatività proprie di imprenditori ed ingegneri nostrani: dalla Ferrari all'Alfa Romeo, passando per Maserati, Lancia e Cisitalia.

A ben guardare l'albo d'oro della massima competizione automobilistica, è impossibile però non notare come i principali successi dei piloti italiani si siano concentrati soprattutto nel primissimo periodo, essendo a tutt'oggi quello di Ascari l'ultimo titolo conquistato in ordine di tempo. Un aspetto curioso e al tempo stesso innescato da molteplici cause, ma che non ha comunque impedito a tanti esponenti del nostro Paese di affacciarsi ad alti livelli anche nel corso dei decenni successivi.

Un dato eloquente, a tal proposito, evidenzia come proprio l'Italia occupi ancora oggi il terzo posto assoluto in termini di piloti schierati al via del Mondiale di Formula 1: ben ottantaquattro, piazzandosi in questa speciale classifica soltanto alle spalle di Stati Uniti e Regno Unito.

Di certo, a mancare non sono stati né il talento né, tantomeno, l'impegno: la cosiddetta "allergia" da parte dei grandi costruttori britannici e della Ferrari (quest'ultima soprattutto negli ultimi trent'anni) ai nostri rappresentanti da un lato, unita alla crescita di tante realtà medio-piccole nostrane, che hanno talvolta relegato questi ultimi nella seconda metà dello schieramento dall'altro, possono costituire le cause principali di questo anomalo e per certi versi contraddittorio scenario.

Ma questo non può (e non deve) mettere in secondo piano le tante storie, ricche di passione, entusiasmo e forza di volontà che hanno accompagnato l'avventura dei nostri connazionali nel complicato universo della Formula 1.

Da quelle ricche di speranza, ambizione e talento (ma, purtroppo, conclusesi in modo drammatico) di Lorenzo Bandini e Ignazio Giunti, sino ai protagonisti dei "mitici" anni '70, quali Vittorio Brambilla, Arturio Merzario e Lella Lombardi, unica pilota donna ad aver conquistato punti iridati nella massima serie.

Un percorso tutto da vivere, quello che ci viene raccontato in quest'opera: un viaggio a spasso nel tempo, in epoche apparentemente lontane, ma accomunate dalla stessa passione che ha reso il nostro Paese un modello riconosciuto in questo sport.

Un approfondimento capace non solo di citare "freddi" numeri, ma anche di cogliere storie in grado di raccontare aneddoti, umori e sentimenti di chi ha dedicato la propria vita ad una corsa contro il cronometro, ad un amore per la velocità, ad una caccia ai propri sogni.

Marco Privitera

PRESENTAZIONE

L'Italia e le corse automobilistiche, un binomio che descrive una storia centenaria ricca di tanti successi ed anche di periodi bui, ma fatta di personaggi che hanno segnato delle epoche.

Se si pensa ad una squadra corse, non si può fare altro che ricordare tutti i successi ottenuti dalla Ferrari, ma anche senza considerare la Rossa, la storia del Motorsport è segnata da tanti piloti italiani che hanno vinto o che comunque sono ricordati da appassionati e non.

Oggi, in un mondo sempre più costoso, i giovani piloti italiani trovano sempre più difficoltà ad esprimersi, investendo molto per farsi notare già nelle categorie minori, senza poi avere la fortuna o il budget per poter essere apprezzati dai "più grandi". Nell'ultimo decennio ci si è ritrovati a dover fare i conti con l'assenza di un pilota italiano in F1, un vuoto poi colmato dall'arrivo di Antonio Giovinazzi, che ha riportato il tricolore nella massima competizione automobilistica dopo ben 8 anni. Eccezion fatta per questo lasso di tempo oscuro, i piloti italiani sono però sempre stati protagonisti in griglia, anche se i numeri parlano di soli 3 titoli piloti conquistati, ovvero quelli ottenuti da Nino Farina nel 1950 ed i due consecutivi vinti da Alberto Ascari nel 1952 e nel 1953. Tutti successi arrivati agli albori della F1 e che ancora oggi, a distanza di oltre sessant'anni, sembrano non poter essere replicabili. Tuttavia sono tanti i talenti nostrani che si sono affacciati al mondo delle corse, alcuni di loro arrivati ad un soffio dalla gloria, ed altri che, pur avendo avuto poca fortuna nella categoria regina, si sono distinti in altre competizioni.

Questo primo volume vuole raccogliere i nomi e le carriere dei piloti italiani protagonisti del panorama automobilistico sportivo, partendo dai primi anni del '900 per arrivare alla fine degli anni '70, catalogandoli in base al periodo in cui si sono sviluppate le loro carriere.

Inserita inoltre una sezione inedita che narra le carriere delle donne che si sono affacciate alle corse. Vite vissute fra lo stupore e la discriminazione dei colleghi uomini in un periodo in cui la parità di genere era solo un'utopia.

LE RADICI DEL MOTORSPORT

Le origini delle gare automobilistiche risalgono addirittura alla fine del XX secolo. Nel 1887 il quotidiano francese "Le Velocipede" organizza una corsa da Parigi a Versailles: l'evento si dimostra un flop clamoroso, contando soltanto un iscritto. Negli anni successivi, grazie all'introduzione di premi in denaro per il vincitore, si inizia a creare un certo interesse verso le competizioni a motore.

FRA MITO E LEGGENDA: TAZIO NUVOLARI

Negli anni '20 del '900 nasce la Formula Grand Prix, prima serie definita da un regolamento tecnico e con validità europea, nel quale si afferma uno dei piloti italiani più celebri, il "Mantovano volante" **Tazio Nuvolari**. Nato nel paesino di Castel d'Ario il 16 novembre 1892, vive fin da piccolo il mito della velocità: suo padre Arturo e suo zio Giuseppe sono entrambi ciclisti affermati. L'amore e l'ammirazione per lo zio da parte del piccolo Tazio sono sconfinati; è proprio lui ad indirizzarlo nel mondo dei motori, facendogli guidare le sue motociclette.

Richiamato alle armi nella Prima Guerra Mondiale, viene impiegato nel servizio automobilistico dell'esercito, ed è qui che già si inizia a notare il suo piede pesante, tant'è vero che un suo ufficiale non può fare a meno di dirgli: "I feriti portali a piedi, perché guidare le auto non è proprio il tuo mestiere."

Terminato il primo conflitto mondiale prende la licenza per pilotare le moto da corsa. Il suo esordio ufficiale è il 20 giugno 1920 sul circuito di Cremona: è costretto al ritiro, ma non si dà per vinto. Come se non bastasse, alle due ruote affianca anche le quattro, trionfando alla Coppa di Verona il 20 marzo 1921 al volante dell'Ansaldo 4CS. Ben presto però si vede costretto a scegliere quale strada intraprendere e, per via dei minori costi, propende a dedicarsi principalmente alle gare motociclistiche.

È nel 1923 che diventa un vero e proprio professionista, entrando nella scuderia Nagas & Ray in sella ad una Indian. Il suo contratto prevede però di essere il gregario di Amodeo Ruggeri. Da vera prima donna, il mantovano in più di qualche occasione non rispetta gli ordini di ingaggio e a fine anno, malgrado gli ottimi risultati ottenuti, non si vede rinnovare il contratto. Nessun problema: grazie all'amico Deo Chiribiri, comproprietario dell'omonima casa automobilistica, riesce a procurarsi un volante.

Ed è qui che il mito incontra la leggenda: siamo nel 1924 sul circuito del Tigullio e Nuvolari ottiene una vittoria che resterà negli annali di storia. Dopo una gara serrata, con la sua Bianchi Tipo 18, in cui più volte rischia di uscire fuori strada, a pochi chilometri dal traguardo finisce in un fosso. Nulla di rotto per lui ma il pilota resta stordito. In qualche modo è lo stesso mantovano a riparare alla meglio la vettura aiutato dagli spettatori, riuscendo a tagliare il traguardo con l'auto quasi sui cerchioni e con il volante sostituito da una chiave inglese. A questo rocambolesco trionfo ne seguono altri due, la gara del Polesine e quella sul circuito del Savio (nel ravennate), dove ha modo di sfidarsi per la prima volta con Enzo Ferrari.

Riprende a gareggiare anche con le due ruote e, con la sua fida Norton, riesce a ottenere risultati strabilianti. Con un mezzo di 500 cc duella e vince contro moto di cilindrata superiore, se non doppia, arrivando primo nella sua Mantova e a Cremona.

Si accorda così con il costruttore di moto Bianchi ed il 1925 inizia nel migliore dei modi: vittoria sul Circuito Ostiense, a Padova e sul Circuito del Lario. Ma il richiamo delle quattro ruote è fortissimo, viene convocato a Monza dall'Alfa Romeo per trovare un sostituto dopo la tragica scomparsa di Antonio Ascari nel Gran di Francia a Montlhéry. Il "Mantovano volante" si cala al volante della P2 e, dopo pochi giri, eguaglia il tempo di Ascari. Sfortunatamente incappa in una rovinosa uscita di pista, ferito e dolorante si fa medicare con una fasciatura rigida per mettersi in sella alla sua Bianchi 350, contro ogni parere medico, per affrontare e vincere il GP delle Nazioni.

Il Campionissimo continua ad alternare successi sia con le due che con le quattro ruote, ma è il 12 giugno 1927 che riesce a vincere il suo primo Gran Premio automobilistico di rilievo, il Reale Premio di Roma. Sull'onda del successo, nell'inverno dello stesso anno fonda una propria squadra acquistando quattro Bugatti, vendendo anche un terreno di famiglia. La stagione 1928 inizia nel migliore dei modi con il primo trionfo internazionale nel Gran Premio di Tripoli, seguito dai successi di Verona, Alessandria e Messina. Ottiene risultati di tutto rilievo anche alla Mille Miglia e al Gran Premio d'Italia a Monza, con mezzi inferiori rispetto alla concorrenza.

Dopo un anno avaro di trionfi con le quattro ruote, ma compensati dai successi motociclistici, per Nuvolari arriva la grande opportunità. La morte di Gastone Brilli-Peri, avvenuta nelle prove del Gran Premio di Tripoli, lascia un sedile vacante in casa Alfa Romeo. Il direttore Prospero Gianferrari punta tutto su Nuvolari per affiancare Varzi e Campari. Il debutto avviene nella Mille Miglia con la 6C 175: inizia subito un aspro duello con Varzi, i due si alternano al comando nelle varie tappe. È qui che avviene forse uno degli episodi più celebri: Nuvolari, in seconda posizione, spegne le luci per far credere a Varzi di essersi ritirato, salvo poi superarlo e andare a cogliere uno storico successo. La rivincita è immediata con la vittoria nella Targa Florio da parte di Varzi. Il 1930 segna anche la fine agonistica nel mondo delle due ruote per il "Nivola", che conquista il Tourist Trophy acclamato dalla folla e dai giornalisti.

Nel 1931 si solidifica il binomio Nuvolari-Ferrari, con numerosi successi al volante delle Alfa gestite dal modenese. Le sue gesta sono celebrate ovunque, tanto che inizia ad entrare anche nei salotti buoni. Gabriele D'Annunzio lo invita al Vittoriale per regalargli una tartaruga d'oro, che diventa il suo portafortuna, con la dedica "All'uomo più veloce, l'animale più lento".

Il 1932 vede il Campionissimo trionfare alla Mille Miglia e nei Gran Premi di Monaco, Francia e Italia, mentre l'anno successivo è la volta della 24 Ore di Le Mans. Parallelamente ai successi sportivi, si affiancano le sfortune della vita privata, perdendo a distanza di poco tempo i due figli Giorgio e Alberto.

Nel frattempo il suo mito si accresce di nuovi eventi, come il leggendario Gran Premio di Germania sulla pista del Nürburgring. Le Mercedes Benz e le Auto Union nonostante la loro supremazia sono battute sonoramente dall'Alfa Romeo dello smilzo Nuvolari, grazie a una forsennata rimonta all'ultimo giro. Il mantovano, sicuro della sua forza, si porta direttamente da casa il vessillo tricolore da poter far sventolare sul podio, contribuendo alla cocente sconfitta dei tedeschi davanti ai gerarchi nazisti.

Terminata la seconda guerra mondiale Nuvolari, nonostante i numerosi problemi di salute, decide di prendere parte alla Mille Miglia del 1947 con la Cisitalia 202, arrivando secondo dopo aver dominato per quasi tutta la gara. Si ripete due anni dopo all'età di cinquantasei anni con una Ferrari 166 SC: dopo un primo tratto in cui comanda abilmente la corsa, la sua rossa inizia ad avere problemi, perdendo pezzi prima di ritirarsi definitivamente.

Il 10 aprile 1950 partecipa alla sua ultima corsa, la salita Palermo-Monte Pellegrino sulla Cisitalia 204A gestita da Carlo Abarth, ottenendo la vittoria classe.

Nuvolari ufficialmente non si ritira dalle corse, ma scompare l'11 agosto 1953 colpito da un ictus, a soli sessant'anni. Come estrema volontà viene sepolto con gli abiti usati nelle competizioni: il maglione giallo, i pantaloni azzurri, il gilet di pelle e la sua inseparabile tartaruga. Ferdinand Porsche dirà di lui: "Nuvolari è il più grande corridore del passato, del presente e del futuro".

ACHILLE VARZI

Se nel ciclismo il dualismo (tutto tricolore) per eccellenza è quello fra Coppi e Bartali, nel mondo dei motori ciò si verifica fra Nuvolari e Varzi. Benché amici, i due in varie occasioni si danno battaglia sui circuiti di tutto il mondo, sia con le due che con le quattro ruote. **Achille Varzi** nasce a Galliate l'8 agosto 1904 ed è figlio di un ricco produttore tessile. Fin da ragazzo inizia a correre sulle moto, assieme a suo fratello Angelo, battendolo sistematicamente. Nel 1922 conquista la sua prima vittoria, sul circuito del Tigullio, in sella a una Garelli 350.

L'anno successivo, a soli diciannove anni, conquista il campionato italiano classe 350 vincendo a Perugia, Busto Arsizio, Padova, Parma-Poggio Berceto e sul circuito del Lario, prendendo il via al Gran Premio delle Nazioni, in scena a Monza, con una Norton 500 cc.

Nel 1924 gareggia per l'assoluto e incrocia le armi, per la prima volta, con Nuvolari: i due si contendono ogni gara per la gioia degli spettatori. Alla fine il piemontese riesce a conquistare il campionato 500 con la sua Sunbeam M90. Inoltre viene insignito dello Nisbet Shield nel Tourist Trophy per la sportività con cui evita di investire un concorrente, caduto davanti a lui, preferendo lo scontro con un muretto. Esce fortunatamente dall'impatto senza grosse conseguenze.

Dopo una battuta d'arresto nel 1925, in cui trionfa solamente a Novara, ritorna ai vertici l'anno seguente, trionfando nuovamente nella classe 500, facendo incetta di vittorie a Stradella, Belfiore, Lodi, Monza e sul circuito dell'Adriatico, oltre alla Visitor's Cup del British TT.

Dopo un 1927 sottotono in sella ad una Moto Guzzi, con un'unica vittoria sul Circuito del Savio, spinto dall'amico Nuvolari decide di passare alle quattro ruote. È il 1928 e i due acquistano una Bugatti Tipo 35C. Si crea subito il sodalizio fra il pilota Varzi e il suo meccanico Guido Bignami, che durerà per tutta la carriera (dopo quest'ultimo affiancherà Juan Manuel Fangio). Neanche una manciata di gare e il piemontese inizia a impressionare anche con un volante in mano, ma si sente limitato dall'ingombrante presenza di Nuvolari. Grazie alla sua famiglia benestante decide di acquistare un'Alfa Romeo P2.

Inizia così la rivalità fra i due: nel 1929 Varzi fa incetta di vittorie, tanto che Nuvolari è costretto a sua volta a comprarsi una P2 in modo da competere alla pari. L'anno successivo Varzi, a metà campionato, passa allora alla Maserati conquistando, nel 1930, il titolo di Campione d'Italia. Epica la Targa Florio di quell'anno: il piemontese è al volante dell'Alfa P2 e si trova ben presto a sfidarsi con il francese Louis Chiron, su Bugatti 35B. Il duello è intenso e senza esclusione di colpi: si arriva agli ultimi giri con l'Alfa di Varzi che ha un foro nel serbatoio della benzina. Il suo meccanico, provando a fare un rabbocco in marcia, fa cadere il liquido sugli scarichi roventi: la vettura s'infiamma all'istante. Varzi, non curante del pericolo, si accuccia dietro al volante, mentre Bignami prova a domare il fuoco con il cuscino del sedile. L'Alfa ruggisce per le ultime miglia che conducono al traguardo e per Varzi è il primo trionfo in una gara internazionale su quattro ruote.

Nel 1931 torna al volante di una Bugatti, la Type 51, ottenendo tre vittorie, fra cui il Gran Premio di Francia, assieme proprio a Chiron. Dopo un 1932 avaro di successi, torna competitivo l'anno seguente con il duello epico contro il "Mantovano Volante". Nel Gran Premio di Monaco i due si danno battaglia per ben novantasette giri sui cento previsti, numerosi sono gli scambi di posizione al vertice quando Nuvolari è costretto ad alzare bandiera bianca per un grippaggio del pistone della sua vettura. Varzi così si riprende la rivincita sull'ancora cocente sconfitta della Mille Miglia del 1930.

Ritorna nella Scuderia Alfa Romeo (gestita da Enzo Ferrari) nel 1934, trionfando in ben nove gare e bissando il titolo di Campione d'Italia.

Per la stagione successiva Ferrari decide di ingaggiare Nuvolari, così Varzi accetta le lusinghe dell'Auto Union, produttrice dell'avveniristica vettura a motore centrale progettata da Ferdinand Porsche. Il cambio di casacca per i tifosi italiani viene visto quasi come un tradimento, ciò nonostante Varzi riesce ad adattarsi subito all'auto, trionfando a Tunisi e Pescara nonostante alcuni problemi di affidabilità.

L'obiettivo del 1936, per il pilota piemontese, è la conquista del campionato europeo. Dopo una gara dominata a Tripoli, è costretto a subire un intervento di appendicectomia. Salta diverse gare e i forti dolori lo costringono, sotto insistenza dell'amante Ilse Hubitsch, moglie del collega Paul Pietsch, a fare uso di morfina per lenire le sofferenze e poter correre. La sua dipendenza alla sostanza coincide con un lento declino. Oscurato anche dai successi di Bernd Rosemeyer, decide di ritirarsi dalle corse per disintossicarsi.

Dopo il secondo conflitto mondiale Varzi torna in Alfa, imponendosi, nel 1946, sul circuito di Torino con la 158. Si ripete l'anno successivo nel Gran Premio di Bari. All'inizio del 1948 partecipa alla Temporada Argentina, diventando un beniamino in Sudamerica, tanto da decidere di fondare la Scuderia Achille Varzi, ingaggiando un giovane e promettente Jauan Manuel Fangio.

Il 1° luglio 1948, durante le prove del Gran Premio di Svizzera a Berna, su una pista ancora bagnata Varzi non riesce a tenere la sua Alfetta in traiettoria, perdendo il controllo ad oltre 110 miglia orarie sulla curva Jordenrampe. Dopo varie piroette la vettura si ferma capovolta, schiacciando il suo conducente. Ironia della sorte vuole che l'unico vero errore del pilota gli costi la vita.

EL NEGHER: GIUSEPPE CAMPARI

Il periodo racchiuso tra gli anni '20 e gli anni '30 del '900 non è contraddistinto però solo dal dualismo Nuvolari-Varzi. Nello stesso periodo si distingue anche un altro grande pilota italiano: **Giuseppe Campari**. Nato a Graffignana l'8 giugno 1892, si avvicina al mondo dei motori lavorando come meccanico per l'Alfa Romeo. Si dimostra però subito abile al volante, debuttando nelle corse nel 1913, terminando al quinto posto assoluto la Parma-Poggio di Berceto, al volante di un'Alfa.

Sullo stesso tracciato nel 1920, vince la sua prima gara, per poi aggiudicarsi anche il Circuito del Mugello. Le vittorie arrivano anche nei due anni successivi e Campari si guadagna l'ingaggio nella squadra corse Alfa Romeo nel 1923.

È alla fine degli anni '20 però che arrivano i traguardi più importanti: tre volte vincitore della Coppa Acerbo nel 1927,

1928 e 1929; due successi alla Mille Miglia nel 1928 e nel 1929, Campione Italiano nel 1928. Quest'ultimo titolo viene bissato poi nel 1931. Nel suo palmares manca la Targa Florio, dove riesce ad ottenere come miglior risultato un secondo posto nel 1928 in ben tredici partecipazioni.

Da sempre legato all'Alfa Romeo, "El Negher" (così soprannominato per via della sua carnagione scura) nel 1933 decide di correre con Maserati per il suo ultimo anno di carriera prima di dedicarsi ad un'altra sua passione, l'opera. Il destino però vuole che muoia proprio quell'anno in una delle giornate più tragiche della storia del Motorsport.

Il 10 settembre 1933 infatti all'Autodromo di Monza perdono la vita ben tre piloti. Il primo è proprio Campari, questa volta al volante ancora di un'Alfa Romeo Tipo B, che scivola su una macchia d'olio ed è vittima di un incidente fatale. Poco dopo Baconin Borzacchini passa sulla stessa macchia d'olio con la sua Maserati 8C 3000 (quella usata da Campari nel GP di Francia vinto sempre nel 1933) ed è protagonista di un incidente. Viene ricoverato in ospedale, dove muore dopo qualche giorno. Nella stessa giornata perde la vita anche Stanislas Czaykowski, rimasto bloccato nella sua Bugatti in fiamme in seguito ad un altro impatto.

RECORD SU RECORD

IL PRIMO CAMPIONE: NINO FARINA

È solo nel 1950 che i Gran Premi assumono validità mondiale grazie alla nascita della Formula 1, i cui regolamenti sono definiti nel 1948. Il primo campionato del mondo comprende 6 GP: Gran Bretagna, Monaco, Svizzera, Belgio, Francia e Italia, ai quali si aggiunge successivamente la 500 Miglia di Indianapolis, unica tappa oltre i confini europei e riservata ai piloti statunitensi. Con il solo titolo piloti in palio, l'Alfa Romeo si presenta all'appuntamento inaugurale di Silverstone con 4 piloti di prim'ordine: Juan Manuel Fangio, **Giuseppe Farina** (detto Nino), Luigi Fagioli ed il britannico Reg Parnell (presente solo in questa occasione).

I pronostici sono a favore di Fangio, ma a segnare la pole position è Nino Farina, a guidare una prima fila tutta Alfa Romeo, che monopolizza le prime 4 posizioni. In gara è ancora Farina a primeggiare, conquistando anche il giro più veloce. Poca fortuna invece per Fangio, costretto al ritiro con il secondo posto ormai in tasca.

Situazione diversa invece nell'appuntamento successivo nel Principato di Monaco, con l'argentino che si aggiudica prima la partenza dal palo e poi anche il GP, scappando fin dall'inizio della gara. Ritiro invece per Farina, protagonista di un incidente nel corso del primo giro con ben 9 vetture coinvolte e causato dallo stesso italiano.

Con i due a pari punteggio in classifica si arriva a Bremgarten, in Svizzera, dove è di nuovo Fangio a conquistare la pole position, tradito poi dal motore in gara e fuori dai giochi. La corsa viene vinta da Farina, saldamente al comando anche prima del ritiro del rivale e compagno di squadra.

A Spa è invece Fangio ad ottenere il suo secondo successo stagionale, mentre Farina è soltanto quarto dopo aver accusato problemi al motore alla sua Alfa Romeo 158, rimanendo però in testa al mondiale.

Il sorpasso dell'argentino avviene nel penultimo round stagionale a Reims, dove ottiene pole, vittoria e giro veloce, mentre il torinese si ritira.

Ultimo Gran Premio del mondiale a Monza: i due si giocano tutto, ma anche Fagioli è in lotta per il titolo. In occasione dell'appuntamento di casa l'Alfa Romeo decide di far debuttare la nuovissima 159. In qualifica è Fangio il più veloce di tutti, seguito dalla Ferrari di Alberto Ascari e da Farina. In gara è quest'ultimo però il più veloce, con l'argentino tradito dal radiatore dell'acqua al 24° passaggio; torna comunque in azione con la 158 di Piero Taruffi. Il giro più veloce è una magra consolazione, perché un altro guasto lo costringe al ritiro. Farina vince la corsa ed è quindi campione del mondo.

Nino Farina nasce a Torino il 30 ottobre 1906. È figlio di Giovanni Farina, fondatore degli "Stabilimenti Farina" e fratello di Battista (inventore della "Pininfarina").

Appassionato di auto, si laurea in Giurisprudenza ed inizia la sua carriera da pilota negli anni '30, ottenendo i primi successi già nel 1936 e nel 1937 alla Mille Miglia e vincendo, sempre in quest'ultimo anno, la Coppa Principessa del Piemonte[1]. Nel 1939 vince anche il GP d'Italia e l'anno successivo ottiene il suo terzo successo alla Mille Miglia.

Dopo aver conquistato il record di primo vincitore di un GP e di un mondiale nella storia della F1 nel 1950 con Alfa

[1] La "Coppa Principessa del Piemonte" è stata una gara automobilistica disputata a Napoli tra il 1933 e il 1939. Il nome è un omaggio a Maria Josè del Belgio, moglie di Umberto II di Savoia e ultima regina d'Italia. Dal 1948 tale corsa fu disputata con il nome di Gran Premio di Napoli, di cui l'ultima edizione risale al 1962.

Romeo, l'anno seguente è di nuovo impegnato con la casa di Arese, ma questa volta a vincere il campionato del mondo di F1 è il rivale Fangio. Per il torinese solo una vittoria su 8 Gran Premi, arrivata a Spa, in Belgio, e tre terzi posti (Svizzera, Italia e Spagna).

Nel 1952, in seguito al ritiro dalle corse della casa del Biscione, Farina approda in Ferrari, con cui rimane per tre stagioni. Nonostante una vettura dominante, il primo anno con la Scuderia di Maranello non è facile, con 4 secondi posti ed il secondo posto anche a fine campionato. A vincere il titolo è il suo compagno di squadra Alberto Ascari.

Anche il 1953 non è semplice, con Ascari che replica il successo del 1952 e Farina terzo alle spalle di Fangio. Sempre nello stesso anno è protagonista di un pauroso incidente in Argentina, dove esce di pista travolgendo e uccidendo alcuni spettatori. Ottiene anche la sua quinta e ultima vittoria in carriera in F1 al Nürburgring, nel GP di Germania. Non solo F1 però, ma anche due successi nelle corse di durata, nella 24 Ore di Spa e nella 1000 km del Nürburgring.

Nel 1954 è al via in soli 2 GP di F1, ottenendo anche un podio in Argentina, e proseguendo la sua carriera nell'endurance, trionfando nella 1000 km di Buenos Aires.

Nel 1955 Farina disputa 3 GP di F1, ottenendo anche i suoi ultimi 3 podi, di cui 2 in Argentina. In quella gara, infatti, per via del gran caldo, si registrano numerosi cambi di pilota, con il torinese che finisce secondo in equipaggio con Gonzalez e Trintignant e terzo con Maglioli e Trintignant.

L'anno seguente tenta la partecipazione alla 500 Miglia di Indianapolis, ma non riesce a centrare la qualificazione. Dopo questa apparizione decide di appendere il casco al chiodo nel 1957.

Muore il 30 giugno 1966 in un incidente stradale nei pressi di Aiguebelle, sulla strada per Reims, dove va in scena il Gran Premio di Francia.

Risultati in Formula 1

LUIGI FAGIOLI

Tra i protagonisti del primo Mondiale di Formula 1 della storia rientra anche **Luigi Fagioli**, nato a Osimo il 9 giugno 1898. Inizia la sua carriera all'età di venti anni sulle moto, come la maggior parte dei suoi colleghi dell'epoca. In seguito ad un brutto incidente tuttavia decide di abbandonare le due ruote per correre con le auto.

Sulle quattro ruote fa il suo debutto nel 1925, ma è l'anno seguente che segna la sua prima vittoria di classe nel Gran Premio Perugino del Turismo, terminando inoltre quarto assoluto. Dopo due anni in cui corre con una Salmson, passa ad una Maserati Tipo 26 M nel 1927, con la quale gareggia fino al 1933.

Tanti i successi raccolti al volante della vettura del Tridente, ma nel 1933, dopo ben sei ritiri consecutivi il pilota vuole una nuova vettura. Enzo Ferrari lo chiama quindi a guidare un'Alfa P3 e Fagioli si dimostra subito competitivo laureandosi campione italiano. Questo sodalizio con Ferrari dura solo un anno, prima di passare alla Mercedes-Benz. In tre anni i trionfi sono molteplici. Nel 1934 vince la Coppa Acerbo a Pescara, il GP d'Italia a Monza e il GP di Spagna a San Sebastian. Nel 1935 vince il GP di Monaco, si ripete all'AVUS e al GP di Barcellona. Alla fine è vicecampione d'Europa Grand Prix.

Nel 1937 passa ad Auto Union prima di ritirarsi momentaneamente dalle corse per problemi fisici. Il suo allontanamento dalle corse dura poi un decennio per via dello scoppio della seconda guerra mondiale.

Torna nel 1947 con una FIAT Monaci, per poi guidare un'OSCA 1100 negli anni immediatamente successivi. Anche in questa occasione i successi sono molti, tra i quali la Mille Miglia, il Gran Premio di Roma ed il Circuito di Napoli.

Nel 1950, oltre a guidare l'OSCA, è al via del primo mondiale di Formula 1 al volante di una delle tre rosse Alfa Romeo 158. I suoi compagni di squadra sono Nino Farina e Juan Manuel Fangio. Finisce il campionato in terza posizione: le "3 F" dell'Alfa Romeo (Farina, Fangio e Fagioli) completano il podio della stagione inaugurale della massima serie automobilistica.

Nel 1951 è ancora con Alfa Romeo in F1 ed arriva anche la prima vittoria nel Gran Premio di Francia nell'unico appuntamento al quale partecipa. Grazie a questo successo detiene i record come pilota più anziano a vincere una gara e a salire sul podio in F1 grazie ai suoi 53 anni e 22 giorni. Termina così la sua carriera nella massima serie automobilistica con ben 6 podi su 7 partecipazioni. Nel 1952 approda in Lancia ed è primo di categoria alla Mille Miglia, nonché terzo assoluto, al volante di una Lancia Aurelia B20. Il 31 maggio, durante le prove del GP di Monaco GT rimane ferito seriamente, morendo il 20 giugno.

In suo onore dal 1953 al 1966 si è disputata la cronoscalata "Coppa Luigi Fagioli" ad Osimo, mentre dal 1966 si disputa il "Trofeo Luigi Fagioli" a Gubbio, prova del Campionato italiano velocità montagna.

Risultati in Formula 1

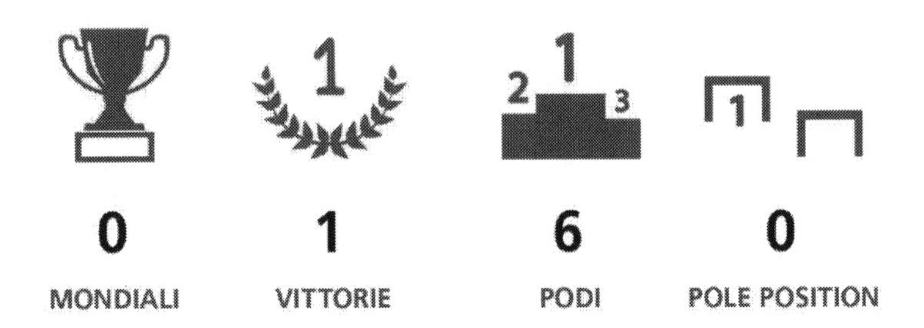

LA VOLPE ARGENTATA: PIERO TARUFFI

Ingegnere, inventore, collaudatore, pilota di auto e moto e recordman, è difficile dare un'unica definizione a **Piero Taruffi**. Nato ad Albano Laziale il 12 ottobre 1906, inizia subito a interessarsi al mondo sportivo e, in particolar modo, alle competizioni su due e quattro ruote.

Fin da adolescente si cimenta con le automobili vincendo, nel 1923, la Roma-Viterbo con la Fiat 501 del padre Pompeo, che appoggia la carriera del figlio purché vada di pari passo con gli studi. Per il conseguimento del diploma Piero riceve in regalo una A.J.S. che inizia a testare e migliorare vincendo la Monte Mario del 1925 nella classe 350 cc.

Divenuto ingegnere, è fra gli uomini che danno alla luce la Rondine 500 (considerata, a ragione veduta, la prima motocicletta dell'era moderna). Tanta è la supremazia del ciclomotore che Taruffi conquista i Gran Premi di Livorno, Pescara e di Tripoli.

Il balzo alle quattro ruote diviene quasi naturale e nel 1930 è al volante di un'Alfa Romeo 1750, con la quale conquista la vittoria alla Tunisi-Tripoli.

Nel 1931 alterna le gare di moto con le auto: sulle due ruote conquista il trionfo sul circuito del Merluzza e di Vermicino, oltre ad ottenere il record di Monza su una Norton con una media di 170 km/h. La prestazione impressiona Enzo Ferrari, che decide di assoldarlo nella sua Scuderia.

L'anno successivo prosegue l'alternanza fra le due e quattro ruote, divenendo campione europeo di classe 500 cc, oltre a vincere il Gran Premio d'Europa e di Monza RMCI. Al volante trionfa nella Coppa Gran Sasso e la Coppa Frigo. Nel 1933 arriva a sfiorare il successo nella Mille Miglia, dovendosi accontentare del terzo posto finale, per poi rifarsi sul circuito del Montenero. Ma a far saltare il banco è la rottura con Ferrari, poiché il pilota partecipa a una gara motociclista violando di fatto il contratto.

Nulla di preoccupante perché per il pilota romano inizia il sodalizio con la Maserati: è il 1934 ed è chiamato a testare la vettura che prenderà parte al Gran Premio di Monza. Durante la "Corsa dei Milioni" è chiamato a sostituire Tazio Nuvolari al volante della Maserati V.5. Dopo una prima parte di gara, comandata agilmente, Taruffi esce di strada e viene sbalzato fuori dalla vettura.

Nonostante le ferite riportate alla gamba e al braccio, dopo pochi mesi torna a correre su un'Alfa Romeo 2300 Sport nella Vermincio-Rocca di Papa, per poi vincere la Criterium di Roma.

Nel 1935 è uomo Bugatti, oltre a continuare la carriera a due ruote: ottiene la vittoria con la Rondine 500 nei Gran Premi di Tripoli e Pescara. Inoltre continua a macinare altri record mondiali con la Rondine dotata di una carenatura avvolgente.

Dopo la pausa dovuta al secondo conflitto mondiale, nel 1946 approda in Cisitalia, nella quale riveste il doppio ruolo di pilota e Direttore Sportivo. L'anno successivo, su Cisitalia, vince sul circuito di Vercelli e poi il Gran di Caracalla e Lido di Venezia; conquista anche il Gran Premio di Tripoli con la Maserati 1500.

Ma è l'anno successivo che realizza, insieme al fido ingegnere Carlo Gianini, il Bisiluro o Tarf: un incrocio fra una moto e un'auto. Questo è un veicolo a quattro ruote dotato di due carene separate: da un lato il propulsore motociclistico e dall'altro il pilota, in modo da ridurre la resistenza aerodinamica con una stabilità di un'auto e la maneggevolezza di una moto. I primi tentativi per stabilire il record avvennero il 28 e il 29 novembre 1948 sulla Bergamo-Brescia, stabilendo ben sei record sulla distanza.

Il 1950 segna il debutto ufficiale in Formula 1 nel Gran Premio d'Italia a bordo dell'Alfa Romeo 158 divisa con Juan Manuel Fangio.

L'anno successivo è sicuramente più ricco di soddisfazioni: partecipa a cinque gare della massima categoria al volante della Ferrari 375. Nel Gran Premio di Svizzera conquista il secondo posto e, dopo il ritiro di Spa, ottiene il quinto posto in Germania e Italia concludendo sesto di campionato.

A novembre prende parte alla Carrera Panamericana con la Ferrari 2600. Taruffi, il 25 novembre 1951, taglia il traguardo per primo dopo quasi ventidue ore di gara. L'entusiasmo del popolo messicano è alle stelle, al pilota romano viene dato il soprannome di "El zoro plateado", ovvero la volpe argentata. L'appellativo è dovuto ai suoi capelli brizzolati e al suo stile di guida sempre rispettoso della meccanica e dell'auto. Inoltre, in suo onore, viene coniato il termine "turufear", che sta per guidare veloce.

Riprova con il Bisiluro, costruendone una seconda versione, con l'obiettivo di stabilire il record di velocità della Classe Internazionale. Ci riesce fra il gennaio e l'aprile 1952, conquistando il record di velocità (oltre 200 km/h) sulle distanze di 50 e 100 km prima e 50 e 100 miglia dopo, tutti stabiliti sulla via Appia.

Ripartita la Formula 1 al volante della Ferrari 500 vince il Gran Premio di Svizzera; è terzo in Francia, secondo in Inghilterra e settimo in Italia. Conclude il campionato al terzo posto con ventidue punti.

Il 1953 è più avaro, anche se partecipa al campionato di Formula 1 e alla Carrera Panamericana in coppia con Fangio su Lancia. L'anno seguente, sempre sulla vettura torinese, vince il Giro di Sicilia, la Targa Florio e la Catania-Etna. Prova anche la Ford stock car nella 2000 miglia Pan-America.

Nel 1955, su Ferrari, fa il bis nel Giro di Sicilia. In Formula 1 corre a Montecarlo su Ferrari, per poi essere chiamato dalla Mercedes per sostituire Hans Hermann nei Gran Premi di Gran Bretagna e Italia, terminati rispettivamente al quarto e secondo posto.

L'anno seguente torna ai servigi della Maserati e, con Stirling Moss e Jean Behra, vince la 1000 km del Nürburgring e arriva secondo nella Targa Florio e al Gran Premio di Pescara.

Nel 1957 è ancora la volta del Bisiluro Tarf ritoccando il record di velocità sul tracciato di Monza. Prende parte alla tragica Mille Miglia in cui è protagonista di un incidente che causa la morte di De Portago e Gurner oltre a nove spettatori. Taruffi trionfa al volante della Ferrari 315 F, decidendo di ritirarsi dalle competizioni.

Chiuso il capitolo delle competizioni, Taruffi diviene scrittore e giornalista. A lui inoltre si deve anche il progetto del tracciato di Vallelunga, che ora porta il suo nome. Muore il 12 gennaio 1988 a Roma.

Risultati in Formula 1

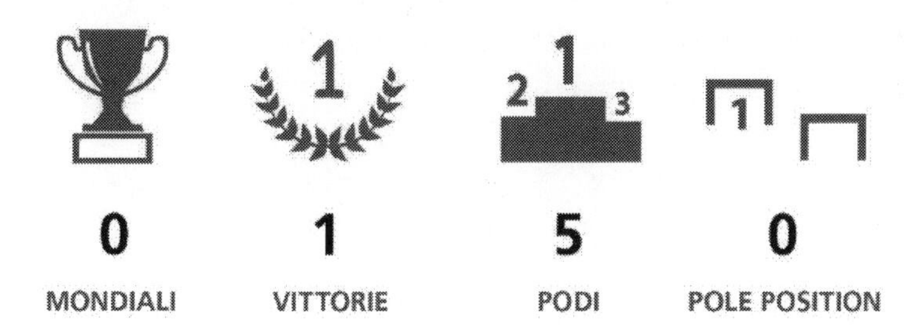

L'ULTIMO RE D'ITALIA: ALBERTO ASCARI

Protagonista indiscusso degli anni '50 è **Alberto Ascari**, un personaggio dalla storia molto particolare e legata tristemente ad un numero, il 26. Nasce a Milano il 13 luglio 1918 in una famiglia fortemente attaccata ai motori; il padre Antonio infatti è un pilota affermato, che però muore il 26 luglio 1925 durante il Gran Premio di Francia a Monthléry.

Ad 11 anni il piccolo Alberto inizia ad avvicinarsi al mondo delle corse contro il volere della madre, che decide di chiuderlo in collegio per dissuaderlo. Tentativi inutili, in quanto Ascari a diciotto anni fa il suo debutto nel mondo del motociclismo partecipando alla 24 Ore di Regolarità su una Sertum 500 2 cilindri, concludendo però con un ritiro a causa della rottura di un freno. Il successo arriva già alla sua seconda gara sul circuito del Lario e nel 1937 ottiene diversi buoni risultati con una Gilera 500. Nel 1938 e nel 1939 corre per la Bianchi, ma nei suoi piani ci sono le quattro ruote.

Nel 1940 infatti partecipa alla Mille Miglia con una Auto Avio Costruzioni 815 (la prima vettura costruita da Enzo Ferrari), ma è costretto al ritiro per la rottura di una valvola insieme al suo compagno di squadra Silvio Vailati. Prima dello scoppio della seconda guerra mondiale partecipa ad altre corse, di cui l'ultima è il Circuito motociclistico della Superba, a Genova, in cui perde la vita Vailati... il 26 maggio.

Negli anni della guerra non si disputano gare ed Ascari sembra voler abbandonare quel mondo. Nel 1947 però torna in pista nel Gran Premio d'Egitto ed è subito secondo. La sua carriera può riprendere ma i risultati non sono del tutto convincenti. La Maserati decide comunque di affidargli ufficialmente una sua vettura per il Gran Premio di Modena. È subito vittoria, ma che non merita di essere festeggiata: Ascari vince infatti la corsa dopo che Giovanni Bracco finisce fuori pista, travolgendo degli spettatori.

L'anno seguente è ancora impegnato con la casa del Tridente, con cui ottiene diversi successi, ma il 1949 è l'anno che segna il passaggio del pilota milanese alla Ferrari, vincendo al debutto il Gran Premio di Bari. A questo seguono altri importanti successi nel GP di Svizzera, nel GP di Francia, nel GP di Silverstone e nel GP d'Europa, disputato a Monza. È campione d'Italia nella categoria corsa. Il 1950 è un anno altrettanto importante: replica il successo ottenuto l'anno precedente grazie a 10 successi.

Nel 1951 le aspettative sono altissime: Ascari può addirittura giocarsi il mondiale. Dopo un sesto posto a Berna ed il doppio secondo posto di Spa e Reims, arriva la prima vittoria al Nürburgring dopo un testa a testa con

Fangio. La lotta per il titolo è tra loro due: a Monza, penultimo appuntamento stagionale, l'italiano ottiene una vittoria importantissima e si porta a soli 3 punti dall'argentino. L'ultima sfida va in scena a Barcellona, una gara difficilissima per Ascari, che accusa un continuo deterioramento delle gomme ed alla fine è ben lontano dal primo posto, ottenuto da Fangio, che quindi è campione del mondo.

Il 1952 è però il suo anno: una serie di successi, condita da un infortunio di Fangio e dal ritiro dalle corse dell'Alfa Romeo, gli permettono di conquistare il primo alloro. Nello stesso anno prende parte anche alla 500 Miglia di Indianapolis e alla 24 Ore di Le Mans, dovendosi però ritirare in entrambe le occasioni per problemi tecnici.

Nel 1953 si ripropone la sfida con Fangio, che questa volta vince grazie a ben 5 successi (Argentina, Olanda, Belgio,

Gran Bretagna e Svizzera) su 8 gare disputate. Soltanto una vittoria invece per il rivale argentino, ottenuta nell'appuntamento conclusivo di Monza.

L'anno seguente segna una svolta nella carriera di Ascari, che decide di lasciare la Scuderia di Maranello per abbracciare il progetto Lancia. Il debutto avviene alla 12 Ore di Sebring, ma le vetture della casa torinese, anche se molto veloci, si dimostrano altrettanto fragili e questa prima esperienza si conclude con un ritiro. La vittoria arriva invece alla Mille Miglia con una Lancia D24. Intanto l'impegno in Formula 1 prosegue e, dopo aver saltato i primi due Gran Premi in Argentina e Belgio, Ascari corre il GP di Francia con una Maserati grazie ad una deroga della Lancia, la cui vettura da Gran Premio è ancora in fase di sviluppo. Il risultato tuttavia è deludente, un ritiro ad inizio gara per rottura del cambio e vittoria dell'arrembante Mercedes. La stagione non prosegue per il meglio, con un incidente a Monza durante un test con la Lancia D50, dal quale esce fortunatamente illeso. Poca fortuna anche nel GP di Gran Bretagna, in cui arriva nuovamente un ritiro. Saltato il GP di Germania, Ascari è di nuovo in pista nel GP d'Italia, questa volta con la Ferrari. Dopo aver ottenuto un ottimo secondo tempo in qualifica, la gara si rivela sfortunata per via della rottura del motore dopo aver lottato per la vittoria. Per l'ultimo round del mondiale la Lancia è pronta all'esordio ed Ascari fa segnare subito il miglior tempo nella sessione di qualifiche. Ancora una volta però il milanese non riesce a concludere la corsa per via di problemi tecnici.

Il 1955 sembra promettere bene ed inizia con due vittorie extra-campionato nel Gran Premio del Valentino a Torino e nel Gran Premio di Napoli. Si arriva dunque a Montecarlo per sfidare l'armata Mercedes guidata da Fangio e Stirling Moss. L'argentino è al comando quando è costretto al ritiro; passa dunque in testa il britannico, che più tardi deve abbandonare la gara con l'auto in fumo. Sale in vetta Ascari, ma dopo nemmeno un giro perde il controllo della sua Lancia e finisce in mare oltrepassando le protezioni. Fortunatamente il pilota ne esce illeso da questo incidente potenzialmente fatale.

Dopo soli quattro giorni Ascari è a Monza, invitato dagli amici Luigi Villoresi ed Eugenio Castellotti, presenti sul tracciato brianzolo per provare una Ferrari 750 Sport. Alla fine della sessione Ascari chiede di poter fare qualche giro di test, ma all'uscita della curva del Vialone (che ora porta il suo nome) perde il controllo e trova la morte... ancora il giorno 26, di maggio.

Ancora oggi, a distanza di oltre 60 anni dalla sua morte, Alberto Ascari è l'ultimo pilota italiano ad aver vinto un mondiale di Formula 1 e l'unico italiano ad averne ottenuti 2.

Risultati in Formula 1

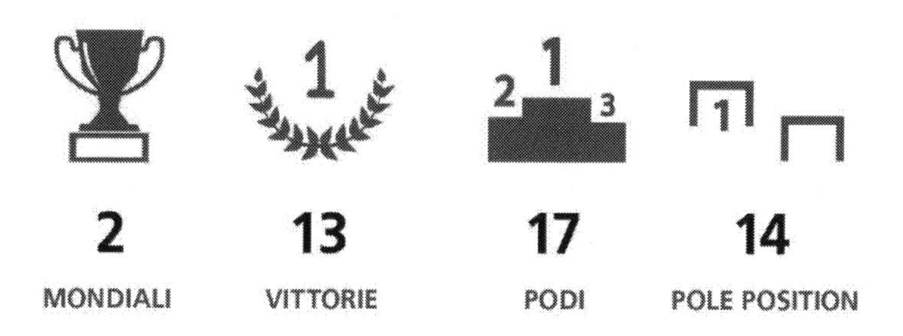

TRA FORMULA 1 E LE MANS

Gli anni '60 segnano un periodo storico molto particolare per il Motorsport. Iniziano infatti ad emergere nuove tecnologie: i motori sono sempre più potenti e al contempo più affidabili e più piccoli, dunque anche più leggeri. Tutte queste tecnologie vengono messe in atto sia in Formula 1 che nelle corse di durata, nelle quali piloti e squadre investono molto per avere sempre più notorietà.

I talenti che emergono in quest'epoca sono tanti, tra i quali spiccano Jack Brabham, Graham Hill, Phil Hill, Jim Clark, John Surtees… solo per citarne alcuni.

LORENZO BANDINI

Diversi anche i piloti italiani di rilievo, tra i quali spicca sicuramente **Lorenzo Bandini**, che nasce a Barce, in Libia, il 21 dicembre 1935.

Con lo scoppio della seconda guerra mondiale la sua famiglia si trasferisce nel luogo d'origine, San Cassiano, frazione di Brisighella, paese della provincia di Ravenna.

Nel 1950 il giovane Lorenzo si trasferisce a Milano, dove inizia a lavorare come meccanico, per poi debuttare nel mondo delle corse qualche anno più tardi, nel 1956, in una serie di gare su strada al volante di una Fiat 1100 103 B, ottenendo subito buoni risultati. Nel 1958 arriva anche il primo successo, vincendo nella sua categoria la Mille Miglia alla guida di una Lancia Appia Zagato.

Nel 1959 arriva l'esordio in Formula Junior, in cui è impegnato anche nel 1960, quando ottiene anche una vittoria nel Gran Premio della Libertad a Cuba. I risultati sono buoni, ma non ancora tali da lanciarlo verso la Formula 1. Tuttavia nel 1961 vince la Coppa Junior a Monza e l'obiettivo sembra essere più vicino. Il suo sogno è approdare in Ferrari, ma la Scuderia sceglie un'altra giovane promessa per il 1962: Giancarlo Baghetti. Per Bandini un'occasione però c'è, in quanto il titolare della scuderia Centro-Sud, Mimmo Dei, gli offre una delle sue monoposto, una Cooper con motore posteriore Maserati 1500 cc. L'esordio arriva a Pau, in Francia, dove riesce a salire sul terzo gradino del podio, ma in una gara non valida per il mondiale di Formula 1. Grazie all'ottimo risultato ottenuto, arriva anche l'opportunità di correre nella massima serie, in quanto Dei lo iscrive al GP del Belgio, a Spa-Francorchamps. Il risultato però è deludente, con Bandini costretto al ritiro per un problema tecnico. Anche il resto della stagione non prosegue bene, ma la svolta arriva grazie alla vittoria nella 4 ore di Pescara[2], tappa valida per il Campionato del mondo sportprototipi.

---

[2] La 4 ore di Pescara del 1961 è stata l'ultima gara svoltasi sul circuito di Pescara. Il circuito è stato inaugurato nel 1924 con la prima edizione della Coppa Acerbo, corsa disputatasi con questo nome fino al 1939. Nel 1929 e dal 1940 al 1946 la competizione non si è svolta ed è stata ripresa nel 1947 con il nome di Circuito di Pescara. Per ben 5 edizioni questa gara è stata una tappa della Formula 1 (1950, 1951, 1954, 1956, 1957, quest'ultima valevole per il mondiale). Il tracciato è anche il più lungo sul quale sia mai stato disputato un GP di Formula 1 grazie ai suoi 25579 m di lunghezza.

Bandini, sempre grazie a Dei, per questa occasione corre in coppia con Giorgio Scarlatti al volante di una Ferrari 250 Testa Rossa. Grazie all'importante risultato Bandini ottiene un contratto con la Ferrari in Formula 1 per il 1962.

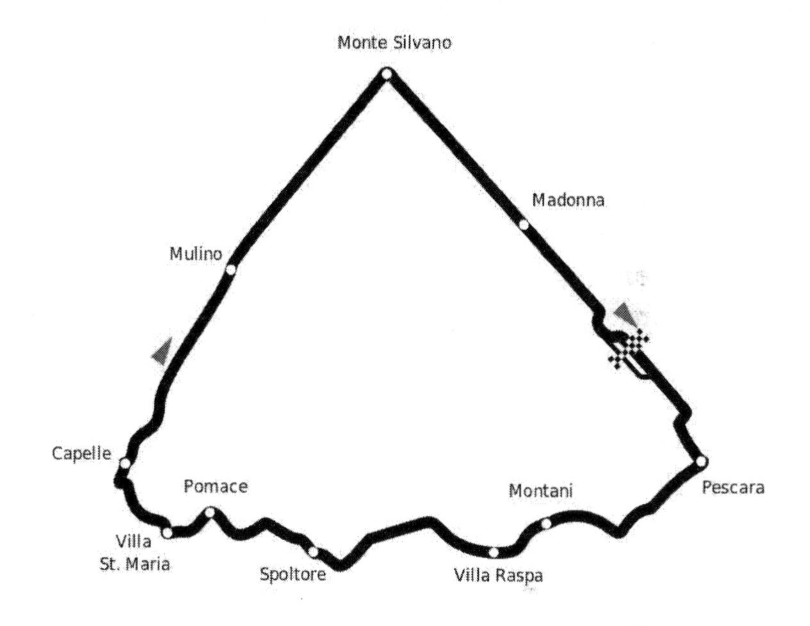

Il circuito di Pescara

Alla prima apparizione con la Ferrari ottiene un buon quinto posto a Pau, mentre in coppia con Baghetti chiude al secondo posto la Targa Florio. Il successo non tarda ad arrivare, grazie al primo posto nella Gran Premio del Mediterraneo e a Enna, due gare non valide per il mondiale. Tuttavia la competitività della Ferrari non è buona e oltre ad un terzo posto a Monaco i restanti risultati non sono soddisfacenti.

Il 1963 è un anno difficile, con Willy Mairesse che gli viene preferito alla guida della Ferrari ad affiancare John Surtees. Bandini corre comunque in Formula 1 con la Cooper Maserati e con la BRM, prima di tornare in Ferrari per via di un incidente che mette fuori causa Mairesse. I risultati non sono brillanti, con soli due quinti posti ottenuti nel mondiale.

L'anno però viene condito da un grande successo in coppia con Ludovico Scarfiotti nella 24 ore di Le Mans, dove stabiliscono anche il nuovo record della corsa grazie ai 4.561 km percorsi alla media di 190 km/h. Per Bandini non è la prima apparizione alla "corsa più importante del mondo", per via della partecipazione dell'anno precedente.

Grazie a questo importante successo nel 1964 Enzo Ferrari lo mette sotto contratto come seconda guida in Formula 1. Bandini risulta determinante per la conquista del titolo da parte del suo compagno di squadra Surtees. Importantissimo infatti il suo contributo nel GP del Messico, ultimo appuntamento stagionale, dove tiene testa a Graham Hill, in lotta per il mondiale. Sempre nel 1964 arriva il primo sigillo in Formula 1 nel GP d'Austria, prima e unica vittoria di Bandini. Al termine della stagione è quarto con 23 punti.

Il 1965 si apre invece con la vittoria nella Targa Florio in coppia con Nino Vaccarella (vincitore della 24 Ore di Le Mans 1964), ma nel resto dell'anno non sembra andare nulla per il verso giusto. Il miglior risultato arriva nel GP di Monaco, dove ottiene il secondo posto, ma per il resto le prestazioni non sono soddisfacenti, con soli altri tre appuntamenti in cui conquista punti. A fine anno è solo sesto in campionato.

La fiducia di Enzo Ferrari nei suoi confronti inizia a svanire, ma nel 1966 è ancora al via del mondiale di Formula 1 con la Scuderia di Maranello. La stagione inizia anche nel verso giusto, grazie ad un secondo posto a Montecarlo ed un terzo posto in Belgio. Sembra essere l'anno del riscatto, ma la sfortuna colpisce Bandini in più occasioni: durante il terzo round stagionale, in Francia, ottiene la pole position ed è in testa per oltre metà gara, ma è costretto al ritiro per la rottura del cavo dell'acceleratore; a Monza, dopo essersi preso immediatamente la prima posizione, è costretto al ritiro già al secondo giro. La sorte lo punisce anche negli Stati Uniti, dove dopo una lotta con Jack Brabham per la vittoria rompe il motore. Tante delusioni che alla fine gli fanno concludere l'anno soltanto al nono posto nella classifica piloti con 13 punti.

Per il 1967 Bandini è motivatissimo e deciso a dimostrare il proprio valore. Subito due importanti successi, nella 24 ore di Daytona e nella 1.000 km di Monza in coppia con

Chris Amon alla guida della Ferrari 330 P4. Per la stagione di Formula 1 invece la Ferrari decide di non presentarsi al primo appuntamento in programma in Sudafrica. Si comincia dunque da Montecarlo, dove l'imperativo è vincere.

L'occasione per dimostrare finalmente tutto il suo potenziale è forse l'ultima, ma questa volta Bandini gode anche dell'appoggio di Enzo Ferrari, che gli affida il ruolo di prima guida.

Durante la sessione di qualifiche è secondo alle spalle di Jack Brabham, ma al via del GP si porta subito al comando, prendendo il largo. Nel frattempo Brabham accusa un problema al motore già al primo giro, ma rimane in pista cercando di tornare ai box, lasciando olio in pista.

Tutti i piloti riescono a vedere la macchia, ma Bandini, trovandosi davanti a tutti è ignaro del pericolo. Non riesce ad evitare la macchia e sbanda, riuscendo poi a ripartire in terza posizione, alle spalle Denny Hulme e Jackie Stewart, ma con distacco.

A questo punto inizia una rimonta furiosa, a suon di giri veloci. Più tardi Stewart è costretto al ritiro e dunque la caccia è solo nei confronti di Hulme. Tra i due ci sono dei doppiati e tra questi spicca Graham Hill, che forse per "vendetta" per i fatti del GP del Messico del 1964, mette in difficoltà Bandini, che riesce a farsi strada dopo ben due giri passati alle spalle del britannico. A causa di questo intoppo il distacco cresce di circa 5 secondi, che diventano addirittura 20 all'80° giro.

Alla tornata successiva Bandini supera il tunnel ed arriva alla chicane del porto ad una velocità elevatissima, non riuscendo a controllare più la sua monoposto. Finisce contro una bitta sulla banchina del porto, per poi rimbalzare in pista con l'auto completamente in fiamme.

I soccorsi impiegano più di qualche minuto per arrivare sul luogo dell'incidente. Intervengono allora il principe Juan Carlos di Borbone e l'amico pilota Giancarlo Baghetti, che assistono alla corsa proprio in quel punto. Bandini è ancora vivo, ma privo di sensi per le ferite riportate. Viene trasferito all'ospedale Principessa Grace, dove viene operato per diverse ore. Le ustioni, le fratture e le lesioni polmonari riportate però gli sono fatali e Bandini muore dopo tre giorni di agonia il 10 maggio 1967.

Nel 1992 viene istituito in sua memoria il Trofeo Lorenzo Bandini, assegnato ad un pilota o un team di Formula 1 particolarmente meritevole, il cui premio viene consegnato a Brisighella.

Quello che deve essere l'anno del riscatto si trasforma nell'anno della tragedia, ma di Lorenzo Bandini ne è riconosciuto comunque il valore, sia umano che sportivo, quest'ultimo dimostrato ampiamente nelle gare di durata, testimoniato dalle vittorie nelle due 24 Ore più celebri al mondo, quella di Le Mans e quella di Daytona.

Risultati in Formula 1

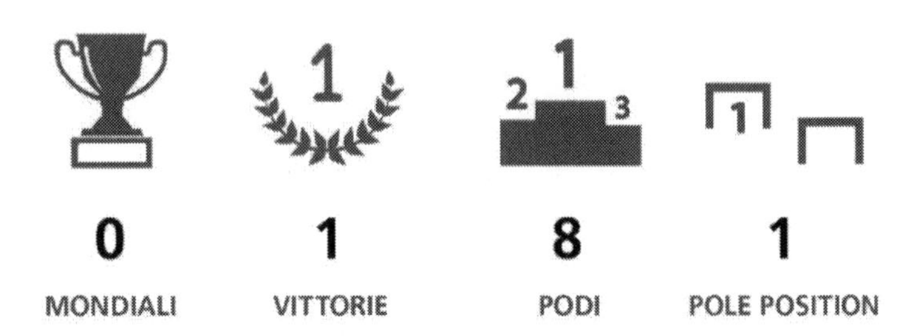

Proprio questi due trionfi assumono un valore significativo. All'inizio degli anni '60 l'allora presidente della Ford Henry Ford II si convince che le corse sono un ottimo strumento pubblicitario. Da qui l'idea di entrare in modo ufficiale nelle corse nella maniera più rapida possibile: acquistare la Ferrari, che affronta un periodo di difficoltà. Siamo nel 1963 e la trattativa tra le due parti non va però a buon fine, con Enzo Ferrari disposto a cedere l'azienda, ma ad una condizione, quella di rimanere a capo del reparto corse, elemento tuttavia non previsto nel contratto.

Saltato il matrimonio, la Ford può contare solo su sé stessa per avere notorietà grazie ai risultati sportivi: battere la Ferrari a Le Mans (vinta proprio quell'anno dalla coppia Bandini-Scarfiotti) Facile a dirsi, difficile a farsi: la casa americana dispone di ingenti capitali per poter costruire una vettura competitiva, ma pochi mesi per poterla realizzare.

Nasce così la GT40, che debutta a Le Mans già nel 1964, dovendo alzare bandiera bianca per problemi di affidabilità con le 3 vetture portate in Francia. Nel 1965 la vittoria è ancora della Ferrari, ma questa volta la GT40 è già notevolmente migliorata. Il 1966 però è l'anno della svolta, che inizia con il trionfo nella 24 Ore di Daytona, risultato replicato anche nella 12 Ore di Sebring.

Si arriva quindi a Le Mans, la gara più importante, dove la Ford piazza ben quattro auto davanti a tutti nelle qualifiche. La gara (iniziata con Henry Ford II a sventolare la bandiera) è un testa a testa tra Ferrari e Ford, ma le 3 vetture di Maranello sono tutte afflitte da problemi e costrette al ritiro. Via libera quindi per gli americani, che hanno in mano le prime tre posizioni. I vertici Ford decidono allora di optare per un arrivo in parata, un vero schiaffo morale per la Ferrari. È America contro Europa, o meglio, è America contro Italia, e per la Ferrari l'occasione del riscatto arriva nella 24 Ore di Daytona 1967, a casa loro.

La Scuderia di Maranello schiera la nuova 330 P4, evoluzione della 330 P3 utilizzata fino al 1966. In qualifica però è la Ford a comandare, con la prima Ferrari in terza posizione. Al via della gara le vetture del Cavallino sono ancora attardate, con Ford e Chaparral a dettare il ritmo, ma uno dei punti di forza della nuova 330 P4 è l'affidabilità. Gli avversari infatti accusano noie tecniche e le Ford sono tutte costrette al ritiro. Le Ferrari non sembrano avere nessun tipo di problema ed alla fine si opta per un arrivo in parata. A vincere è la coppia formata da Lorenzo Bandini e Chris Amon; a seguire l'equipaggio di Ludovico Scarfiotti e Mike Parkes, terzo posto per Pedro Rodriguez e Jean Guichet.

LUDOVICO SCARFIOTTI

Tra i protagonisti del panorama automobilistico italiano degli anni '60 rientra il già citato **Ludovico Scarfiotti**. Nato a Torino il 18 ottobre 1933, vive fin da piccolo a Potenza Picena, nelle Marche, dove la sua famiglia si trasferisce per gestire il cementificio fondato dal nonno Lodovico, tra i fondatori della FIAT.

La cultura delle corse automobilistiche è già presente in famiglia, in quanto il padre Luigi è un pilota. Ludovico fa il proprio esordio in gara nel 1952 al Circuito del Piceno con una Fiat 500C "Topolino", per poi passare man mano a vetture più potenti da Fiat 1100TV a una 8V Zagato, un'OSCA 1100 ed un'Abarth 1000, con le quali coglie i primi successi nel campionato Gran Turismo e vincendo il Trofeo della Montagna.

Con la Ferrari si afferma nell'Europeo della Montagna nel 1962 e nel 1966. La carriera di Scarfiotti è condita però da importanti successi nelle gare di durata, come la 12 Ore di Sebring, la 1000 km del Nürburgring, la 1000 km di Monza, la 12 Ore di Reims, 1000 km di Spa, oltre che la 24 Ore di Le Mans del 1963 in coppia con Lorenzo Bandini.

Proprio nello stesso anno debutta anche in Formula 1 alla guida di una Ferrari grazie anche all'interesse di Gianni Agnelli, suo cugino. Nel corso della sua carriera ottiene un unico successo nella massima serie, quello di Monza del 1966. Questo risultato, a distanza di oltre 50 anni, rappresenta anche un record, essendo l'ultima vittoria di un italiano nel GP d'Italia, ottenuto inoltre al volante di una Ferrari.

Nel 1967 tuttavia i rapporti con la Ferrari iniziano a scricchiolare, partecipando a soli due appuntamenti del mondiale di Formula 1, in Olanda e in Belgio. In occasione del Gran Premio d'Italia 1967 Enzo Ferrari non gli affida nessuna auto e Scarfiotti è a Monza al volante di una Eagle, chiudendo con un ritiro.

Si chiude definitivamente il suo rapporto con la Ferrari, anche per via della rivalità con Bandini.

L'anno seguente è al via in Formula 1 con una Cooper-BRM e nel 1968, partecipa soltanto ai primi tre round prima di morire durante le prove di una gara in salita a Rossfeld, in Germania, alla guida di una Porsche 910 Bergspyder.

Risultati in Formula 1

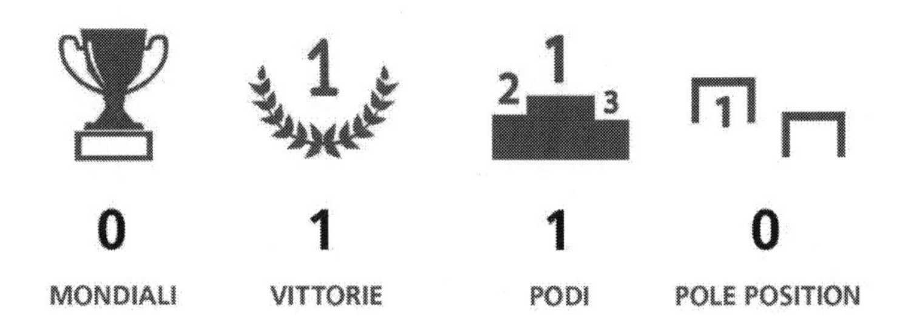

GIANCARLO BAGHETTI

Alto esponente italiano degli anni '60 in Formula 1 è **Giancarlo Baghetti**, menzionato già in precedenza. Nasce il 25 dicembre 1934 a Milano da una famiglia facoltosa. Il padre infatti è un imprenditore siderurgico lombardo. La sua carriera nelle corse inizia negli anni '50, ma fin da subito si nota il suo talento.

Nel 1960 infatti è in Formula Junior e vince la Coppa FISA (Federazione Italiana Scuderie Automobilistiche) a Monza. Questo successo gli permette di essere notato dalla Ferrari, che lo ingaggia per l'anno seguente.

Il 1961 inizia alla grande grazie al secondo posto conquistato alla 12 Ore di Sebring al volante di una Ferrari 250 TRI/60.

La FISA gli procura un posto in Formula 1 ed arriva subito un doppio trionfo (a Siracusa e a Napoli) in due gare non valide per il Mondiale.

Baghetti debutta nel Campionato del mondo F1 1961 nel GP di Francia sul circuito di Reims con una Ferrari 156 della FISA. In qualifica tuttavia non è brillante ed ottiene solo il 12° posto mentre i tre compagni di scuderia occupano le prime tre posizioni in griglia. Durante la gara però cambia tutto, e grazie anche ai problemi altrui riesce ad approfittarne per portarsi in testa e vincere incredibilmente alla sua prima corsa ufficiale.

Sempre lo stesso anno prende parte al GP di Gran Bretagna e al GP d'Italia con la Scuderia Sant'Ambroeus, ritirandosi in entrambe le occasioni, ma l'anno seguente viene ingaggiato dalla Ferrari come pilota ufficiale. Tuttavia i risultati non sono quelli attesi e come migliore piazzamento Baghetti ottiene un quarto posto in Olanda.

Nel 1963 passa all'ATS, scuderia appena nata da un gruppo di tecnici Ferrari, decisi ad intraprendere una nuova avventura. Il progetto è tutt'altro che buono e Baghetti ottiene un 15° posto come miglior risultato in una stagione ricca di ritiri.

Nel 1964 è al via con una BRM gestita dalla Scuderia Centro Sud ed ottiene come miglior risultato un 7° posto in Austria. Non fortunato in Formula 1, riesce comunque ad ottenere una vittoria alla 4 Ore di Monza, con un'Alfa Romeo Giulia TI Super.

Nel 1965 e nel 1966 partecipa al solo GP d'Italia con la Brabham, concludendo in entrambe le occasioni con un ritiro.

Sempre nel 1966 però si aggiudica il titolo di campione europeo Turismo Divisione 1 e il secondo posto alla Targa Florio.

Anche nel 1967 è al via del GP d'Italia, dovendo ritirarsi ancora una volta. Appende ufficialmente il casco al chiodo nel 1968. Si concentra per il resto della sua vita alla fotografia e al giornalismo, prima di morire di cancro il 27 novembre 1995.

IL PRESIDE VOLANTE: NINO VACCARELLA

Nel decennio degli anni '60, come precedentemente visto, la F1 viene quasi surclassata, per importanza, dalle gare di durata e su strada. Ed è proprio in questo contesto che nasce la leggenda di **Nino Vaccarella**, detto "Il preside volante". Nasce a Palermo il 4 marzo 1933, figlio del preside dell'Istituto Oriani, scuola media e istituto tecnico del capoluogo siculo. La morte prematura del padre costringe Nino, assieme alla sorella Ada, a prendere le redini della scuola, diventando così vicepreside.

Il suo primo contatto col mondo delle corse avviene nel 1956 con il quinto posto di classe alla Passo di Rigano-Bellolampo al volante di una Fiat 1100 ereditata dal padre. È solo l'inizio: l'anno successivo compra una Lancia Aurelia B20 2500, partecipando a diverse gare in salita, trionfando nella sua categoria sia alla Sorrento-Sant'Agata che alla Colle San Rizzo, ottenendo inoltre un ottimo terzo posto alla Monte Erice.

È solamente nel 1958, sempre alla guida della fida Lancia Aurelia, che conquista la vittoria assoluta, con annesso record di percorrenza, della Passo di Rigano-Bellolampo. La stagione è ricca di ottime prestazioni, quali il primo posto di classe, nonché secondo assoluto, della Sorrento-Sant'Agata, secondo posto anche per la salita di Avola, alla Monte Erice e alla Coppa Gallenga. L'annata segna anche il suo debutto nella corsa per eccellenza siciliana: la Targa Florio. Affiancato da Enrico Gaicone, l'equipaggio si ritira, ma è solo un primo assaggio.

Nel 1959 i tempi sono maturi e Nino decide di fare il salto di classe, acquistando una Maserati 2000 4 cilindri. Fa subito incetta di vittorie conquistando la Valdesi-Santa Rosolia, la Montepellegrino, la Monte Erice, la Sassi-Suoerga, la Catania-Etna e infine l'anello di Pergusa. Inoltre ottiene il terzo posto di classe della Targa Florio con Salimecos.

Il 1960 è ricco di gare e soddisfazioni: oltre a correre ancora con la sua Maserati, ottenendo il primo posto assoluto al Passo della Mendola, alla Monte Erice e al Colle San Rizzo, è al volante di una Cooper Maserati ufficiale della Scuderia Centro Sud, conquistando il successo assoluto alla Catania-Etna. Con una W.R.E. 2000 ottiene il terzo posto alla Trento-Bondone e il sesto alla Trieste-Opicina. L'apice della stagione, come prevedibile, è la partecipazione alla Targa Florio, su una Maserati Birdcage in coppia con Umberto Maglioli: i due dominano la gara, ma sono costretti ad alzare bandiera bianca per colpa del serbatoio forato.

È l'anno successivo che sancisce l'ingresso al modo del professionismo: Nino Vaccarella viene ingaggiato alla Scuderia Serenissima del Conte Volpi. Il forte siciliano, per la prima volta, partecipa in gare al di fuori dello stivale: termina terzo alla 1000 km di Parigi, assieme a Maurice Trintignant, al volante della Ferrari 250 GT. Sempre con il francese conquista il secondo posto di classe, nonché il quarto assoluto, alla Targa Florio, su Maserati 2890. Ancora con la vettura del tridente ottiene il gradino più basso del podio sul circuito delle Bahamas. Ma il 1961 segna anche il debutto in Formula 1, al Gran Premio d'Italia, al volante di una De Tomaso-Conrero, ritirandosi. Ottiene inoltre il terzo posto, su Cooper Maserati, alla Coppa Italia in scena sul circuito capitolino di Vallelunga.

Nel 1962 riceve la chiamata di Enzo Ferrari ma, da professionista quale è, si trova costretto a rifiutare perché ancora legato alla Scuderia Serenissima. Al volante della Ferrari Testa Rossa è primo di classe al circuito di Clemond-Ferrant, e alla Ollon-Villars. Partecipa a tre classiche con Carlo Abbate: la 12 Ore di Sebring, su Maserati 3000, la 1000 km del Nürburgring, su Ferrari Testa Rossa, e la 1000 km di Parigi su Ferrari GTO. Alla "sua" Targa Florio, assieme a Jo Bonnier, porta al terzo posto assoluto la Porsche RS61 Coupé. Non tralascia neanche la massima categoria: a Montecarlo non riesce a qualificarsi per via di un incidente. Riesce a prendere il via al Gran Premio di Germania, dov'è quindicesimo su Porsche, e a quello d'Italia, dove sale al nono posto al volante della Lotus Climax. Partecipa, sempre al volante della monoposto inglese, al Gran Premio di Pau (gara non valida per il campionato), che conclude in sesta posizione.

Finalmente nel 1963 può esserci il matrimonio fra Vaccarella e la Scuderia del Cavallino Rampante. Il debutto è con il secondo posto assoluto alla 12 Ore di Sebring sulla Ferrari 250P in coppia con Willy Mairesse. Ci riprova anche alla Targa Florio, ma viene squalificato da un commissario poiché non in possesso della patente di guida. La bella favola subisce una brusca interruzione alla 1000 km del Nürburgring dove, in un incidente, si frattura un braccio.

Ritorna alle competizioni l'anno successivo, riprendendosi la rivincita proprio alla 1000 km del Nürburgring, il suo primo successo internazionale, in coppia con Ludovico Scarfiotti. L'anno è ricco di soddisfazioni: Vaccarella trionfa anche alla 24 Ore di Le Mans assieme a Guichet sulla Ferrari 275 P. Neanche il tempo di esultare che Nino è costretto a rifiutare le celebrazioni riservate ai vincitori per prendere il primo aereo e ritornare nella sua scuola di Palermo per svolgere regolarmente le lezioni. Ottiene anche il primo posto nella Coppa Intereuropea sulla 250 LM ed il secondo posto alla 12 Ore di Sebring, sempre con Scarfiotti. Al termine dell'anno conquista il titolo mondiale Sport Prototipi con la Ferrari.

Il 1965 segna il suo primo trionfo alla Targa Florio, al volante della Ferrari 275 P2, divisa con Lorenzo Bandini. I piloti Ferrari preferiscono utilizzare il più grande e prestante prototipo, anziché la Dino 2000 più agile e piccola, per lottare ad armi pari con le Porsche. Vaccarella nelle prove sigla il giro più veloce, stabilendo il nuovo record sul giro: la folla è in visibilio per il suo beniamino. Le prime fasi di gara sono concitate, con il pubblico che grida ad ogni suo passaggio quasi a sovrastare il rombo della rossa di Maranello. Nel corso di qualche giro le altre due Ferrari di Scarfiotti-Parkes e Baghetti-Guichet sono fuori gioco; spetta alla P2 di Vaccarella-Bandini tenere alto il vessillo. Il direttore sportivo Dragoni impone il tempo minimo ai due piloti del Cavallino per risparmiare la macchina evitando rotture o incidenti. La gara ormai è nelle mani del siciliano, che completa l'ultimo giro fra due ali di folla che, al suo passaggio, va letteralmente in visibilio. Appena tagliato il traguardo Vaccarella viene accolto da una pioggia di petali di rosa, oltre che dal boato della folla sul rettilineo di Cerda. Tale trionfo gli vale la cittadinanza onoraria del paesino siciliano che gli attribuisce l'appellativo "Il preside volante".

Dopo il trionfo un anno nefasto: il 1966 è costellato da ritiri a raffica da Monza al Nürburgring, dalla Targa Florio alle 24 Ore di Le Mans. L'unico trionfo è marchiato Alfa Romeo nel rally Jolly Hotel, assieme a Pinto. Il palermitano è insignito anche della medaglia d'oro al valore atletico del CONI.

L'anno successivo si alterna fra gli impegni ufficiali con il Cavallino e la Ford GT 40 della scuderia Brescia Corse, con la quale trionfa a Pergusa. Al volante della P3 ottiene il terzo posto a Zeltweg, il quarto a Monza e il quinto alla 12 Ore di Sebring. Più sfortunato alla 24 Ore di Le Mans dove, in coppia con Chris Amon, è costretto al ritiro. Un suo raro errore lo mette fuori gioco alla Targa Florio, perdendo il controllo della sua P4 su un marciapiede di Collesano. Nell'edizione successiva sul muretto della cittadina appare la scritta "ATTENTO NINO!".

Nel 1968 diviene uomo Alfa Romeo, vincendo sul circuito del Mugello, assieme a Bianchi e Galli, e nella 500 km di Imola. È ottimo quinto assoluto, e primo di classe, alla 24 Ore di Daytona, con Udo Schutz. Stesso risultato alla 1000 km del Nürburgring. Ha meno fortuna a Le Mans, in coppia con Baghetti, dov'è costretto ad alzare bandiera bianca. Stesso discorso alla Targa Florio, mentre è in testa con un vantaggio di 18 minuti sulla Porsche di Elford.

Anche l'anno successivo è avaro di gioie: l'unico trionfo assoluto è quello di Pergusa al volante dell'Alfa 33/3. Terzo ad Hockenheim su Alfa, e terzo anche al Mugello, questa volta con la Lola divisa con Andrea De Adamich. Terzo di classe, e quinto assoluto, alla 24 Ore di Le Mans sulla Matra 630 in coppia con Guichet.

Il 1970 segna il ritorno alla corte di Enzo Ferrari, conquistando la vittoria alla 12 Ore di Sebring sulla 512S, insieme a Ignazio Giunti e Mario Andretti. Arriva secondo alla 1000 km di Monza in coppia con Giunti e Amon, risultato che bissa al Nürburgring con Surtess.

Viene richiamato nuovamente in Alfa Romeo per seguire lo sviluppo della 33/3000. Conquista nuovamente la Targa Florio con Toine Hezemans, col quale ottiene il successo di classe alla 1000 km dell'Österreichring e il terzo di classe alla 1000 km di Monza. Si cimenta anche con le turismo, conquistando il quarto posto assoluto, nonché secondo di classe, alla 24 Ore di Spa con la GTAM divisa con Berger. Sempre nel 1971 viene insignito dell'onorificenza di Cavaliere della Repubblica dal Presidente della Repubblica.

L'anno successivo continua con la casa del Biscione, giungendo terzo alla 12 Ore di Sebring con Hezemans e quarto alla 24 Ore di Le Mans con De Adamich. Conquista la Coppa Nissena su Osella 2000, decidendo di appendere il casco al chiodo. Nel 1973 prende il via alla sola Targa Florio, sulla Ferrari 312 PB assieme ad Arturo Merzario, concludendo diciassette anni di attività agonistica con un mesto ritiro.

Convinto dall'ingegnere Carlo Chiti, Nino decide di partecipare per un'ultima volta alla Targa Florio del '75 al volante della 33TT12, divisa con Merzario. È un tripudio: la supremazia dell'Alfa non è mai messa in discussione e Vaccarella appone il suo terzo sigillo alla "a Cursa". Concludendo così la sua meravigliosa carriera nel mondo delle corse con un meritatissimo trionfo.

ANDREA DE ADAMICH

Non si può concludere il decennio degli anni '60 senza parlare di **Andrea Ludovico De Adamich**, il pilota che più ha incarnato l'Alfa Romeo di quei tempi e non solo. Nasce a Trieste il 3 ottobre 1941 da famiglia aristocratica. Il suo primo contatto con il mondo delle corse avviene nel 1962 quando, ancora studente di giurisprudenza, si iscrive al Campionato Italiano Velocità Montagna al volante di una Triumph TR3 regalatagli dalla madre, classificandosi al secondo posto finale di categoria. Viste le sue performance di tutto rispetto, decide di partecipare al campionato mondiale della specialità in prova unica a Zurigo, ottenendo il sesto posto.

Nel 1963 fa il salto in pista, disputando il campionato di Formula Junior con una Lola MK5 Ford vendutagli da Mario Poltronieri. Il campionato è combattuto, il giovane triestino deve scontrarsi con piloti del calibro di Jochen Rindt e Jo Schlesser. Andrea si difende bene e, nonostante il vecchio motore Ford, riesce a concludere il campionato all'ottavo posto.

Le sue performance non passano inosservate, infatti viene notato dal talent scout Mario Angiolini, che gli offre la possibilità di entrare a far parte della scuderia Jolly Club in Formula 3.

Il 1964 inizia sotto dei buoni auspici: riesce ad ottenere numerosi podi ma si deve inchinare al campione Giacomo Russo. Ci riprova l'anno seguente, ma ripetute rotture del telaio della sua Lola convincono il pilota a passare alla Brabham BT15. Con la vettura inglese De Adamich demolisce gli avversari, andando a conquistare il campionato italiano.

Il titolo segna anche il sodalizio con l'Autodelta, il braccio armato nelle competizioni dell'Alfa Romeo. Infatti, alla carriera sulle monoposto, il triestino affianca quella sulle ruote coperte al volante di una Giulia. Ottiene riscontri positivi, come il quarto posto alla 24 Ore di Spa, nel 1964, ed il successo nella 4 Ore di Monza l'anno seguente.

Nonostante il suo aspetto da bravo ragazzo e gli occhiali da studente, Chiti riconosce la tempra del campione in De Adamich, facendolo diventare a tutti gli effetti pilota Alfa. Il binomio De Adamich-Autodelta sale alla ribalta nell'European Touring Car Championship del 1966, quando si laurea campione europeo. La Giulia del triestino trionfa alla 4 Ore di Monza, la 6 Ore del Nürburgring e poi a Snetterton, Zolder e Zandvoort.

Il recente successo lo fa diventare uno dei piloti più famosi della nazione, tant'è vero che la Marlboro decide di sponsorizzarlo. Continua con l'Alfa e lo sviluppo della Barchetta 33, ottenendo diversi podi nel '67, ma senza nessuna vittoria di spicco. Contemporaneamente si cimenta anche in Formula 2 come compagno di squadra di John Surtess con una Lola. Nonostante i risultati non siano brillanti viene ingaggiato dalla Ferrari per l'anno successivo sia per la Formula 2 che per la Formula 1.

Nel 1968 diventa il terzo pilota Ferrari accanto a Chris Amon e Jacky Ickx. Le responsabilità per l'italiano sono alte, in quanto è chiamato a sostituire il compianto Bandini, rimasto nel cuore dei tifosi. L'inizio è promettente: nel Gran Premio del Sudafrica, prima gara stagionale, surclassa entrambi i suoi compagni nelle qualifiche. In gara ingaggia un bel duello con Dan Gurney fino al tredicesimo passaggio, quando sbanda su una macchia d'olio, schiantandosi contro le barriere.

La poca esperienza maturata sulle monoposto gli costa cara nella Race of Champions di Brands Hatch (gara non valida per il mondiale). Durante le prove perde il controllo della vettura alla frenata della Paddock Bend, colpendo in pieno il muretto. La monoposto prende subito fuoco ma i commissari lo estraggono immediatamente dai rottami. Solamente dopo scoprirà le lesioni alle ossa del collo. Oltre alla stagione quasi finita, De Adamich si ritrova a vedersi ritirata la licenza italiana di guida, dovendola richiedere in Svizzera. Questa manovra gli costerà la riconferma in Ferrari per la stagione successiva.

Non si dà per vinto e decide di onorare il contratto, rientrando per la gara di Formula 2 a Vallelunga con un secondo posto, per poi dedicarsi nella Temporada Argentina, un campionato riservato alle Formula 2, conquistando il titolo al volante della Dino T166.

Terminata la collaborazione con la Ferrari, De Adamich ritorna nella sua famiglia da corsa, l'Alfa Romeo, correndo in gare Sport e turismo. Fa qualche apparizione sporadica nella Formula 5000 nel Team Surtees.

Nel 1970 decide di riprovare la strada della Formula 1 al volante della McLaren equipaggiata del motore otto cilindri Alfa Romeo. Il ritorno del Biscione nella massima serie non è felice: entrambi i piloti, De Adamich e Nanni Galli, non raccolgono risultati interessanti. Addirittura il friulano riesce a concludere solamente due Gran Premi.

L'anno successivo ci riprova con una March sempre motorizzata Alfa Romeo. Le cose vanno leggermente meglio ma la scarsa affidabilità del motore non permette grossi passi in avanti. Decide così di accettare la chiamata dell'ex pilota e amico Surtees per correre nel suo team. La monoposto motorizzata Ford Cosworth gli permette di conquistare il suo miglior risultato nella massima categoria, il quarto posto nel Gran Premio di Spagna a Jarama. Non riesce però più a ripetersi nell'arco della stagione.

A seguito di diverbi con il team, nel 1973 decide di passare alla Brabham, alla corte di Bernie Ecclestone, come terzo pilota su una BT42. L'inizio di campionato è promettente: quarto posto in Belgio e per poco fuori dalla zona punti a Monaco. Purtroppo nel Gran Premio di Gran Bretagna viene coinvolto in una carambola alla partenza, la sua monoposto rotola diverse volte disintegrandosi. Il pilota resta intrappolato nella vettura subendo gravi lesioni alla gamba, concludendo di fatto la sua stagione. Terminata la sua convalescenza, nel '74 Ecclestone gli propone di ricominciare nel team ma rifiuta: De Adamich appende definitivamente il casco al chiodo a soli trentaquattro anni dopo aver corso con l'Alfa Romeo 33T12 nel Mondiale Marche.

Gli ottimi rapporti di amicizia fanno sì che l'ex pilota funga da trait d'union nel sodalizio fra Brabham e Alfa Romeo per la stagione 1975. Inoltre continua a lavorare attivamente nella N. Tecnology (ex Autodelta) fino a rivestire il ruolo di vicepresidente. Apprezzato giornalista e telecronista di Formula 1 conduce per diverso tempo la trasmissione Grand Prix sulle reti Mediaset negli anni '90.

IL SOGNO INFRANTO: IGNAZIO GIUNTI

Una delle pagine di Motorsport forse più commoventi è la storia di **Ignazio Giunti**, nato a Roma il 30 agosto 1941. Il padre è il barone Pietro Giunti, podestà di Crotone e deputato del Regno d'Italia. Ignazio inizia la sua carriera nel mondo delle corse all'età di 20 anni contro la volontà della famiglia, le sue prime gare sono delle cronoscalate al volante di un'Alfa Romeo Giulietta TI.

Nel 1964 partecipa al Campionato Italiano Turismo, classificandosi secondo e prende parte anche ad alcuni appuntamenti europei, mentre l'anno successivo è alla guida di un'Alfa Romeo Giulia GTA. È durante questo periodo che gli viene attribuito il soprannome "il reuccio di Vallelunga" per via della sua imbattibilità sul tracciato intitolato a Taruffi.

Nel 1966 è il momento delle monoposto e Giunti fa il suo debutto in Formula 3: il suo compagno di squadra è Nanni Galli. Nello stesso anno entra anche a far parte dell'Autodelta, che proprio in quel momento si trasforma in Reparto Corse Alfa Romeo. Con la Giulia GTA vince nel 1967 il Campionato europeo della montagna nella categoria turismo, per poi passare nella categoria sport prototipi nel 1968 con la Tipo 33, con cui ottiene importanti risultati:

vittoria nel Campionato italiano per vetture sport, secondo alla Targa Florio e quarto posto assoluto, nonché primo di categoria, alla 24 Ore di Le Mans.

Il 1969 è un anno importante: dopo aver ottenuto il secondo posto di divisione nel Campionato Europeo Turismo sempre con l'Alfa Tipo 33, Enzo Ferrari lo mette sotto contratto per le gare di durata.

Nel 1970 guida allora la Ferrari 512S, con cui ottiene la vittoria nella 12 Ore di Sebring, il secondo posto nella 1000 km di Monza, e due terzi posti (Targa Florio e 6 Ore di Watkins Glen). Per Giunti arriva anche il momento del grande salto, partecipando al GP del Belgio di Formula 1 a Spa-Francorchamps, dove ottiene un sorprendente quarto posto al debutto al volante della Ferrari 312B. È al via anche in altri tre appuntamenti del Mondiale F1 1970, classificandosi 14° in Francia, 7° in Austria e dovendosi ritirare nel GP d'Italia a Monza dopo aver ottenuto il 5° posto nella sessione di qualifiche. Vince inoltre la 9 Ore di Kyalami.

I risultati sono tali da guadagnarsi il rinnovo nel Campionato del mondo sportprototipi per il 1971, ma l'obiettivo vero rimane la F1. Il 10 gennaio 1971 è il giorno della gara inaugurale del "mondiale marche", con la 1000 km di Buenos Aires. Il compagno di squadra di Giunti è Arturo Merzario, su Ferrari 312PB. Al 38° passaggio Giunti è al comando della gara, davanti a lui Mike Parkes, su Ferrari 512, in attesa di essere doppiato. Il destino è però beffardo, in quanto, all'uscita dell'ultima curva prima del rettilineo principale, i due si trovano davanti una Matra che il suo pilota Beltoise spinge a mano dopo essere rimasta senza benzina. Parkes riesce a passare, ma per Giunti, uscito di traiettoria per doppiare l'avversario, l'impatto è inevitabile e fatale. Viene portato in ospedale, ma le ustioni dovute all'incendio scoppiato dopo il crash sono troppo gravi ed il pilota muore in circostanze evitabili.

Si infrange così il sogno di un ragazzo di 29 anni dotato di grande talento, che ha sì potuto assaporare il mondo della F1, ma di cui sarebbe stato probabilmente protagonista nel corso degli anni '70.

PILOTI... E NON SOLO

Gli anni ’70 rappresentano un’epoca di progresso tecnologico nel Motorsport ed in particolar modo in Formula 1. Le squadre devono cercare di stare al passo dei migliori per tentare quello che oggi è (quasi) scontato, ovvero la matematica certezza di prendere parte al GP. È anche un periodo di sperimentazioni, in cui i piloti si dimostrano, oltre che abili al volante, anche nella progettazione o nel collaudo.

IL GORILLA DI MONZA: VITTORIO BRAMBILLA

Fra questi spicca **Vittorio Brambilla**, soprannominato dagli inglesi “The Monza Gorilla” per il suo stile di guida aggressivo. Nato a Monza l’11 novembre 1937, vive in una famiglia dalla forte passione per i motori: il padre ha un’officina e suo fratello maggiore Tino è un pilota (prima nel Motomondiale e poi in Formula 1).

Inizia la sua carriera nelle corse all’età di 20 anni nel 1958, dapprima sulle moto, vincendo nel campionato cadetti 175. Compra poi un go-kart, facendo esperienza sulle quattro ruote. Nel 1969 arriva il suo momento in Formula 3, ma nel frattempo continua la sua carriera motociclistica, cogliendo anche un terzo posto nel campionato italiano 350 e vantando una partecipazione al Motomondiale Classe 500.

Al debutto in monoposto non delude ed è secondo di classe alla fine dell'anno. Nel 1971 ha tutte le carte in regola per vincere, ma viene battuto da Giancarlo Naddeo. L'anno seguente è quello del riscatto, dominando il campionato italiano Formula 3.

Passa dunque nel campionato europeo di Formula 2, iniziando la stagione 1973 con la March 712 del fratello, prima di comprare March 732-BMW, ottenendo subito due vittorie al volante della nuova monoposto e chiudendo al quarto posto finale.

Grazie a questi risultati contratta con Enzo Ferrari per guidare una monoposto in Formula 1, ma la trattativa fallisce. Si guadagna però la fiducia della famiglia Ciceri, proprietaria della Beta Utensili, che diventa il suo sponsor e attraverso cui riesce a debuttare nella massima serie con la March nel 1974.

Nell'anno di esordio ottiene il suo primo punto nel GP d'Austria, a Zeltweg. Ma è il 1975 che rappresenta il punto più alto della carriera di Brambilla. La March decide di abbandonare il Circus, poi ci ripensa e schiera dapprima il solo monzese, affiancato poi da Lella Lombardi a partire dal terzo appuntamento.

Nonostante una vettura non molto competitiva riesce a conquistare una pole position ad Anderstop. A Zolder è in testa, ma viene tradito dai freni. Nel famoso GP di Spagna è quinto davanti alla Lombardi, ma è a Zeltweg che compie l'impresa. La domenica di gara non inizia nel migliore dei modi, con il terribile incidente di Mark Donohue nel warm-up per l'esplosione di una gomma, che muore sei giorni più tardi in ospedale.

Le condizioni meteo sono quasi proibitive per via della pioggia, ma il GP parte. Brambilla scatta ottavo, ma compie una rimonta meravigliosa, sorpassando avversari del calibro di Niki Lauda e James Hunt prima di portarsi in testa e trionfare davanti al pubblico austriaco. La gioia è incontenibile e durante il giro d'onore finisce contro le barriere, rovinando il musetto della sua March, conservato come cimelio nell'officina di famiglia a Monza.

Sempre nel 1975 ottiene un trionfo in Formula 2 a Vallelunga. L'anno successivo invece non ottiene risultati di rilievo e accusa il team di favorire il suo compagno Ronnie Peterson.

Come conseguenza il suo contratto non viene rinnovato e affronta quindi la stagione 1977 a bordo della vettura del Team Surtees. Ancora una volta dimostra la sua competitività in condizioni avverse, ottenendo un ottimo quarto posto nel GP del Belgio.

Intanto viene ingaggiato dall'Alfa Romeo nel campionato mondiale sportprototipi, con la casa di Arese impegnata anche nella fornitura di motori alla Brabham in Formula 1. In questa occasione si rivela un ottimo collaudatore, sviluppando una valida vettura.

Il 10 settembre 1978, durante il GP d'Italia nella sua Monza, Brambilla rimane gravemente ferito. Si riprende lentamente da un trauma cranico e ad inizio ottobre viene dimesso dall'ospedale. Nonostante le difficoltà riprende la sua carriera con l'Alfa Romeo in Formula 1 nel 1979, grazie ad un accordo firmato l'anno precedente.

Viene ingaggiato anche Bruno Giacomelli, ma l'Alfa sviluppa due monoposto, di cui una ad effetto suolo. Al GP d'Italia Brambilla ottiene il 12° posto, a distanza di un anno dall'incidente. Partecipa anche ai due successivi GP, ritirandosi in Canada e mancando la qualificazione a Watkins Glen, nel GP degli Stati Uniti Est.

Nel 1980 diventa il terzo pilota della squadra per via dell'ingaggio di Patrick Depailler. Corre anche nel campionato sportprototipi in coppia con Lella Lombardi, ma in Formula 1, in seguito alla morte di Depailler durante le prove del Gran Premio di Germania corre solo in due occasioni, in Olanda e in Italia, concludendo con due ritiri. Viene poi sostituito da Andrea De Cesaris per gli ultimi due round stagionali.

Ormai demotivato e colpito anche dalla morte di Depailler, nonché dal suo crash del '78, decide di ritirarsi dalle corse per dedicarsi alla preparazione di vetture di Formula 3.

Muore d'infarto nella sua casa di Lesmo il 26 maggio 2001 all'età di 63 anni.

JACK O'MALLEY: BRUNO GIACOMELLI

La carriera di Brambilla ad un certo punto si incrocia con quella di un altro protagonista degli anni '70 in Formula 1: **Bruno Giacomelli**, nato a Poncarale, in provincia di Brescia, il 10 settembre 1952.

Si avvicina ai motori nel 1968, guidando motocross, per poi passare alle quattro ruote nel 1971, esordendo successivamente nella Formula Ford italiana l'anno seguente con una Tecno. Nel 1973 non corre, ma ritorna in grande stile nel 1974, gareggiando in Formula Italia ed ottenendo la prima vittoria, per poi conquistare addirittura il titolo nel 1975.

Nel frattempo per mantenersi compie diversi lavori, ma nel 1976 si trasferisce in Inghilterra. Prende parte alla Formula 3 britannica con la March, cogliendo due risultati importanti: vitttoria nel trofeo ShellSport e secondo nel trofeo BP.

La sua carriera è pronta al decollo. Circolano voci riguardo ad una trattativa con Enzo Ferrari per un posto in Formula 1, ma alla fine Giacomelli è impegnato in Formula 2 sempre grazie alla Ferrari. Ottiene grandi risultati in questa categoria, conquistando il titolo italiano e quello europeo nel 1978, vincendo ben 8 delle 12 gare in programma.

Nel frattempo arriva anche l'occasione di debuttare in Formula 1 grazie alla McLaren, che gli mette a disposizione per il GP d'Italia 1977 la terza monoposto, una vecchia M26. Il risultato non è dei migliori, dovendosi ritirare. Anche l'anno seguente corre in cinque appuntamenti di Formula 1 sempre con McLaren e sulla fiancata della vettura il suo cognome diventa Jack O'Malley, derivante dalla pronuncia inglese. La monoposto tuttavia non è performante e come migliore risultato arriva un settimo posto nel GP di Gran Bretagna.

In seguito all'infortunio di Vittorio Brambilla nel GP d'Italia a Monza, viene contattato dall'Alfa Romeo per sostituirlo nel 1979. Corre con una 177 le sue prime due gare con la casa del Biscione, ritirandosi in Belgio e chiudendo 17° in Francia. La vettura ormai non è in linea con il progresso tecnologico dei team avversari, ma intanto è in fase di sviluppo la 179, che debutta proprio con Giacomelli al GP d'Italia. Nonostante il nuovo modello i risultati non sono positivi ed arrivano i ritiri sia a Monza che nel GP degli Stati Uniti Est a Watkins Glen.

Nel 1980 gli viene affiancato il francese Patrick Depailler, pilota sul quale Alfa punta molto. La 179 si dimostra subito competitiva ed in Argentina Giacomelli ottiene un quinto posto, conquistando quindi punti. Arrivano poi molti ritiri, ma anche una pole position a Watkins Glen ed un quinto posto in Germania. I buoni risultati gli valgono il rinnovo del contratto, ma quell'anno è segnato anche dalla morte di Depailler durante una sessione di prove private a Hockenheim.

Nel 1981 nonostante i molti problemi di affidabilità Giacomelli ottiene il suo miglior risultato in Formula 1: un terzo posto nel Gran Premio di Las Vegas, arrivato dopo una bella rimonta a causa di un testacoda. Quel 17 ottobre è un giorno storico per l'Alfa Romeo, che torna sul podio a distanza di 30 anni dal Gran Premio di Spagna del 1951.

Quella del 1982 è invece una stagione deludente, in cui il miglior risultato è una quinta posizione nel GP di Germania. L'anno seguente passa alla Toleman come secondo pilota, ottenendo un solo punto nel GP d'Europa a Brands Hatch.

Per il 1984 viene sostituito dal debuttante Ayrton Senna e passa nel CART (attuale IndyCar), dove resta per due anni prima di dedicarsi alle corse nel turismo. Tra 1986 e 1988 corre nel WTCC e nel campionato interserie con la Lancia.

Rischia anche la morte in un incidente a Spielberg nel 1986 e torna in pista solo 5 mesi dopo. Nel 1989 viene ingaggiato come in Formula 1 per la scuderia Leyton House, mentre nel 1990 ritorna ufficialmente con la scuderia Life. La vettura è di scarsissima competitività e manca in tutte le occasioni la qualificazione. Decide di ritirarsi ufficialmente dalle corse al termine dell'anno.

IL COWBOY DEL MOTORSPORT: ARTURO MERZARIO

Sempre nello stesso periodo si colloca l'attività sportiva di Arturio Francesco Merzario, meglio noto come **Arturo Merzario** (Arturio deriva infatti da un errore all'anagrafe). Nasce a Civenna, in provincia di Como, l'11 marzo 1943 ed inizia la sua carriera nel 1962 alla guida di una Alfa Romeo Giulietta Spider.

L'anno seguente coglie subito un successo nella categoria GT del Rally di Sardegna al volante di una Giulietta SZ. Nel 1964 invece acquista una FIAT Abarth 1000 e partecipa al Campionato italiano turismo, in cui ottiene subito ottimi risultati. Prende parte anche alla serie europea, risultando ugualmente competitivo.

Diventa quindi un pilota ufficiale Abarth e nel 1968 vince il Campionato Italiano della Montagna con una 1000SP Barchetta. L'anno successivo disputa il Campionato europeo della montagna, dove si afferma campione nella classe Sport e vicecampione assoluto.

Nel 1970 viene ingaggiato dalla Ferrari nel Campionato del Mondo Marche con una Ferrari 512S, senza però lasciare la Abarth, proseguendo nel doppio impegno anche nel 1971, quando vince la Coppa Shell Interserie a Imola e il Trofeo Ignazio Giunti a Vallelunga. Nel frattempo corre anche in Formula 2, ottenendo però scarsi risultati.

Nel 1972 prosegue con le vetture Sport Prototipo, trionfando nella Targa Florio in coppia con Sandro Munari e alla 1000 km di Spa con Brian Redman. Questi ed altri importanti piazzamenti valgono alla Ferrari il titolo nel Mondiale Marche. Altri due successi li ottiene inoltre alla 500 km di Imola e alla 9 ore di Kylami con Clay Regazzoni, due prove non valide per il mondiale. Vince anche il Campionato Europeo Sport 2000 con la Osella-Abarth, ma soprattutto arriva la grande opportunità di debuttare in Formula 1 con la Ferrari, piazzandosi 6° al debutto assoluto nel GP di Gran Bretagna a Brands Hatch e 12° nel successivo GP di Germania al Nürburgring.

Il 1973 non è altrettanto fortunato, correndo in nove dei quindici appuntamenti del mondiale di Formula 1 ed arrivando 4° in due occasioni (Brasile e Sudafrica). L'anno seguente si accorda per affrontare la massima serie con la Frank Williams Racing Cars per disputare l'intero campionato. Ottiene 4 punti grazie ad un 6° posto in Sudafrica ed un 4° nel GP d'Italia a Monza.

Nel 1975 prosegue il suo impegno in Formula 1 con la squadra inglese e torna nel Mondiale marche, questa volta con l'Alfa Romeo, trionfando a fine anno. Vince inoltre la Targa Florio con Nino Vaccarella.

La Frank Williams Racing viene rilevata dal petroliere Walter Wolf, ma nel 1976 Merzario rimane all'interno del team. I piazzamenti non sono rilevanti, ma durante il GP di Germania si mette in evidenza per essere uno dei piloti a soccorrere Niki Lauda nel famoso incidente del Nürburgring.

Nel 1977 decide di mettersi in gioco come costruttore, partecipando al mondiale di Formula 1 con una monoposto del team da lui fondato, denominato proprio con il suo cognome. Creare un team privato però si rivela molto difficile e ad ogni GP è costretto a lottare per la qualificazione. Rimane comunque 3 anni, arrivando al traguardo solo due volte: nel GP del Belgio del 1977 e nel

GP di Svezia 1978, ma in quest'ultimo a 8 giri dal vincitore e dunque non classificato.

Anche per il 1980 il progetto per una vettura di Formula 1 c'è, ma viene poi adattata per la Formula 2, categoria in cui Merzario corre fino al 1984, non riuscendo però a fare un definitivo salto di qualità (grazie anche ai pochi mezzi a disposizione) ed abbandonando poi il progetto.

Nel 1985 vince il Campionato Italiano Prototipi. Le sue doti di progettista tuttavia le dimostra ancora una volta con la Symbol, vettura proprio per la serie appena menzionata, correndo dal 1986 al 1990.

Nel 1991 è protagonista di un brutto incidente a Magione, riportando diverse fratture: torna in pista dopo pochi mesi e si piazza secondo nella 6 Ore di Vallelunga.

Non appende mai il casco al chiodo, mettendosi in gioco in diverse occasioni ancora oggi ed essendo presente comunque in giro nei paddock, soprattutto italiani.

NANNI GALLI

Nello stesso periodo si fa strada **Giovanni Giuseppe Gilberto Galli**, meglio conosciuto come Nanni, nato il 2 ottobre 1940 a Bologna. Il nome Nanni è lo pseudonimo che utilizza nelle corse, in quanto la sua famiglia si oppone a questa passione del giovane. La sua carriera nel mondo delle corse comincia tardi, debuttando a 20 anni nelle competizioni su kart. A 24 anni passa alle auto turismo, correndo su una Stevr-Pueco e l'anno successivo passa a una Mini Cooper S per poi cominciare a correre anche nel

Campionato Turismo Italiano, in cui ottiene dieci vittorie nella sua classe.

Nel 1966 viene reclutato dall'Alfa Romeo, che gli mette a disposizione una GTA. Con la casa di Arese Nanni ottiene diversi importanti risultati, tra cui un successo al Mugello, un secondo posto alla Targa Florio nel 1968 con Ignazio Giunti e il quarto alla 24 ore di Le Mans con la T33/2.

Nel 1967 è il momento delle monoposto e corre in Formula 2 con una Brabham BT23 privata. Due anni dopo diventa il pilota del team Tecno di Formula 2 al fianco di Francois Cevert. Batte il compagno in diverse occasioni e chiude al settimo posto nel Campionato Europeo. Nello stesso anno disputa anche delle gare di auto sportive con la Matra.

Nel 1970 arriva finalmente il suo debutto in Formula 1, in occasione del Gran Premio d'Italia con una McLaren motorizzata Alfa Romeo. L'anno successivo ritorna in Alfa Romeo, arrivando secondo alla 12 ore di Sebring e correndo nuovamente in F1 con la March, senza ottenere buoni risultati nella massima categoria.

Nel 1971 è ancora in Alfa Romeo ed arriva secondo nella 12 Ore di Sebring. Corre anche in F1 tramite un accordo di fornitura motori Alfa Romeo. Nel 1972 è con Tecno in Formula 1 e il suo miglior risultato è un terzo posto nel GP della Repubblica italiana a Vallelunga, prova tuttavia non valida per il Mondiale.

Nanni prosegue con Tecno anche l'anno successivo in F1, ma è al volante anche in altre competizioni con vetture sportive con la Ferrari. Durante la stessa stagione ha anche la possibilità di guidare la Ferrari per sostituire Clay Regazzoni in occasione del Gran Premio d'Austria. Il pilota bolognese si qualifica in 21ª posizione e termina la gara in 13°.

Nel 1973 Nanni si unisce alla scuderia di Frank Williams per correre con la nuova Iso-Marlboro, ma dopo una serie di gare con risultati deludenti decide di lasciare la scuderia per poi annunciare il suo ritiro, anche se nel 1974 torna a correre con una Abarth in alcune competizioni sportive.

Nonostante il ritiro rimane sempre presente nel mondo delle competizioni automobilistiche: è infatti sponsor del team Williams nel 1978 grazie a "Fruit of the Loom", di cui è distributore per l'Italia. È fondamentale il suo lavoro anche nell'ingresso della famiglia Benetton in F1. Muore a Prato il 12 ottobre 2019.

FORMULA ROSA

Il Motorsport è un mondo prettamente maschile, ma nel corso degli anni sono molte le donne che si sono affacciate nel mondo delle corse. Soprattutto negli ultimi anni si è fatto molto per far emergere i "talenti rosa", un tema sul quale anche la Fédération Internationale de l'Automobile (FIA) ha lavorato, approvando nel 2009 il progetto "Women in Motorsport Commission", che ha come obiettivo la continua crescita delle presenze femminili nelle corse automobilistiche.

Ancora più recente è invece la nascita della W Series, categoria riservata alle sole donne con lo scopo di scoprire nuove promesse dell'automobilismo. A tal proposito il format prevede una preselezione per scegliere 18 ragazze che vanno ad affrontarsi poi nel campionato, che si corre con monoposto identiche e sorteggiate prima di ogni appuntamento al fine di garantire un uguale trattamento a tutte le partecipanti. La serie è nata nel 2018 e nel 2019 è andata in scena la prima stagione, alla quale ha partecipato anche un'italiana, Vittoria Piria, detta Vicky.

Nonostante il buon riscontro ricevuto, il campionato ha ricevuto diverse critiche, in particolar modo da donne pilota, che hanno sonoramente bocciato la W Series, rimarcando come il confronto con gli uomini in pista sia fondamentale per poter migliorare.

LA PRIMA DONNA IN F1: MARIA TERESA DE FILIPPIS

Dello stesso parere sarebbe stata **Maria Teresa De Filippis**, prima donna a partecipare ad un Gran Premio di Formula 1. La De Filippis nasce a Napoli l'11 novembre 1926 da una famiglia benestante. Il padre è infatti Franz De Filippis dei Conti Serino, fornitore dell'energia elettrica in quasi tutta la Campania prima della nazionalizzazione. È l'ultima di 5 figli ed i fratelli sono degli appassionati di automobili sportive. Sono proprio loro, quasi per scommessa, ad introdurre Maria Teresa nel mondo delle corse.

Nel 1948 prende parte alla Salerno-Cava de' Tirreni con una Fiat Topolino, cogliendo subito una vittoria di classe. Nei due anni seguenti arrivano altri risultati importanti: primo posto nella 3ª edizione della Stella Alpina, il secondo posto alla Catania-Etna-Catania ed il primo posto nel Giro della Campania.

Successivamente, nel 1953 conquista 8 vittorie di classe su 22 gare nel Campionato Italiano Prototipi, sfiorando il titolo un anno più tardi, quando è vittima di un incidente al Giro di Sardegna.

Nel 1955 è di nuovo seconda nello stesso campionato nella categoria Sport e durante la 1000 km di Buenos Aires è protagonista di un altro incidente mentre si trova al comando, uscendone infortunata.

Dopo un periodo di pausa per la De Filippis è il momento del grande salto nel 1958. Al volante di una Maserati 250 F è la prima pilota, anzi "Pilotino" (come era soprannominata per via del suo fisico minuto), a correre in Formula 1, partecipando a 4 Gran Premi validi per il mondiale (Monaco, Belgio, Portogallo, Italia). La prima esperienza però è il GP di Siracusa, non valido per il campionato del Mondo, chiuso al quinto posto. Nel GP d'Europa a Spa-Francorchamps parte diciannovesima e finisce la gara in decima posizione, miglior risultato in una tappa mondiale.

Nel 1959 è ancora in Formula 1, questa volta con il team Behra. Al Gran Premio di Monaco si qualifica in sedicesima posizione, ma in un mondo ancora troppo maschilista non viene ammessa alla gara. Lo stesso anno Jean Behra vuole che partecipi al GP di Germania sul circuito dell'AVUS, a Berlino, ma alla fine è il francese a correre, trovando la morte proprio in questa occasione. Appresa la triste notizia la De Filippis decide di abbandonare le corse. Muore l'8 gennaio 2016 a Scanzorosciate.

“SAYONARA”: ADA PACE

Nello stesso periodo si fa strada un’altra pilota italiana, Ada Pace, nata a Torino il 16 febbraio 1924. La sua è una storia poco conosciuta, ma senz’ombra di dubbio una delle storie più affascinanti del panorama sportivo femminile, con una serie di episodi che condizionano la sua carriera e che sono da insegnamento per tutti ancora oggi.

Atleta a tutto tondo con la passione per i motori, inizia la sua carriera nel mondo delle corse negli anni immediatamente successivi alla seconda guerra mondiale.

Tra il 1947 ed il 1948 partecipa a delle gare organizzate dal Vespa club, in sella al celebre mezzo a due ruote. Grazie ai buoni risultati la Piaggio le affida una moto ufficiale, vincendo per ben 3 volte il Trofeo Nazionale Gincane nel 1953, nel 1954 e nel 1956. Nel frattempo si cimenta anche in gare automobilistiche, ottenendo un’inaspettata vittoria nella Torino-Sanremo nel 1951 al volante di una vecchia Fiat 1500 6C, lasciando a bocca aperta tutti.

Questo successo non è un caso isolato, ma solo il primo di una serie tale da infastidire i colleghi uomini, capaci di esporre continui reclami per verificare la regolarità della vettura vincitrice. Singolare l'episodio di una gara sul circuito di Lumezzane nel 1957: in seguito ai reclami ufficiali da parte dei piloti giunti secondo e terzo al traguardo, con Ada Pace vincitrice, i commissari decidono di sottoporre le vetture ad un'ispezione. Il risultato? L'auto prima in classifica regolare, le altre due squalificate!

Durante l'ultima edizione della Mille Miglia, sempre nel 1957, Ada Pace è protagonista di un incidente nel corso del quale la sua vettura perde una portiera. Lei vorrebbe ripartire, ma il commissario di percorso che la soccorre si dichiara incompetente a decidere, lasciando la decisione posto di più vicino, che però si trova dall'altra parte del fiume Ete Vivo. La pilota allora si tuffa in acqua per raggiungere la postazione, anche se lo sforzo non risulta produttivo, in quanto per motivi di sicurezza non le viene concesso il permesso di proseguire la gara.

Nel 1958 Ada Pace ottiene il successo nella Trieste-Opicina. Vicenda interessante è quella della corsa in salita Aosta-Pila del 1959, alla quale Ada Pace partecipa nella categoria Gran Turismo iscrivendosi con lo pseudonimo "Sayonara", per poi correre anche nella categoria Sport con il suo vero nome.

"Sayonara" (arrivederci in giapponese) è una reazione da parte della pilota, o corridrice (come si diceva in quel periodo), ai pregiudizi e alla discriminazione dei suoi colleghi uomini. Tale scritta compare più volte sulla targa posteriore delle sue vetture, lasciando intendere agli avversari che, una volta superati, l'unico modo per rivedersi è arrivare al traguardo.

Altro evento particolare a Modena in occasione della Coppa d'Oro ACI del 1960. Ada Pace trionfa, ma il secondo ed il terzo classificato disertano la cerimonia del podio, rifiutandosi di stare un gradino più in basso della loro collega. Sempre nel 1960 vince la Targa Florio nella categoria 1100 sport, al volante di un'OSCA-Maserati.

L'anno successivo, con la stessa vettura, un altro importante trionfo nella Stallavena-Boscochiesanuova (categoria sport). Sempre nel 1961 viene ingaggiata dalla squadra del Portello e partecipò, con le Giulietta SZ ufficiali, a numerose gare, tra cui la 12 ore di Monza. Proprio qui è vittima di un incidente pauroso all'ingresso della curva Grande per via di un cedimento meccanico, con la sua auto che decolla e riatterra con le ruote in aria. Nonostante la vettura capovolta e la conseguente difficoltà di uscire dall'abitacolo Ada sfonda il lunotto e riesce ad uscire poco prima che la sua Giulietta prenda fuoco. Durante lo stesso anno acquista una Lotus Eleven-OSCA, con la quale partecipa a diverse gare riservate ai prototipi, tra cui la 4 Ore di Pescara.

È ancora il 1961 quando sul circuito di Modena Ada assiste all'incidente in cui perde la vita il suo fidanzato, anch'egli pilota. La sua carriera però non si ferma e nel 1964 è ingaggiata dalla Squadra Corse HF Lancia e partecipa alla alla 1000 km del Nürburgring con una Lancia Flaminia Zagato Sport. A metà gara si rompe l'acceleratore e la Pace riesce a controllarlo usando il solo cavo d'acciaio con le mani, arrivando ai box con delle ferite.

Nel 1965 la sua carriera termina del tutto in seguito ad un brutto incidente al 5° Rally dei Fiori, durante il quale si schianta contro un autocarro che transita in senso contrario sul percorso di gara. Fortunatamente nessuna conseguenza per lei, ma l'episodio le fa appendere il casco al chiodo, almeno per quel che riguarda le competizioni agonistiche. Muore il 15 novembre 2016 a Rivoli.

MEZZO PUNTO DI STORIA: LELLA LOMBARDI

Tra le pochissime donne che hanno avuto il privilegio di correre in Formula 1 figura anche **Maria Grazia Lombardi**, detta Lella, nata a Frugarolo il 26 marzo 1941 da una famiglia modesta.

Dopo l'inizio sui kart nel 1965 inizia la sua carriera in monoposto, dapprima con una Formula Monza, poi in Formula 3, categoria in cui si classifica al secondo posto nel 1968. Due anni più tardi invece arriva il trionfo in Formula 850, vincendo 4 delle 10 gare in programma. L'anno seguente prosegue nella stessa categoria ed arriva il successo anche nella Formula Ford Mexico.

Il talento è ormai sbocciato e il 1974 è l'anno del grande passo: partecipa e chiude al quinto posto nel Rothmans F5000 Championship con una Lola T330, ma soprattutto Lella fa il suo debutto in Formula 1 nel Gran Premio di Gran Bretagna il 20 luglio. A Brands Hatch, al volante di una Brabham BT42 ottiene il 29° tempo, non sufficiente per prendere parte alla gara. Ma non importa, è una giornata storica per il Motorsport. Partecipa anche a 2 gare fuori campionato: la Corsa dei Campioni a Brands Hatch (non classificata), e il BRDC International Trophy a Silverstone, che chiude in 13ª posizione.

Il 1975 è ancora in F1: firma con March, prendendo parte a 12 dei 14 appuntamenti in programma per quella stagione. Salta i primi due Gran Premi in Brasile e Argentina ed è in pista per il GP del Sudafrica a Kyalami. Al termine delle qualifiche è 26ª ed è ammessa alla gara. È la seconda donna a qualificarsi per un Gran Premio di F1. La gara tuttavia non è altrettanto fortunata, in quanto Lella è costretta al ritiro dopo 23 giri per un problema tecnico.

Il quarto round della stagione 1975 di F1 è invece il Gran Premio di Spagna, sul Circuito del Montjuïc[3] di Barcellona. Le condizioni di sicurezza della pista non sono ritenute soddisfacenti da parte dei piloti, ma le qualifiche si disputano regolarmente: Lella Lombardi è 24ª. Emerson Fittipaldi decide di non correre la gara, Arturo Merzario e Wilson Fittipaldi si ritirano ad inizio gara per protesta. È una corsa molto particolare, si susseguono diversi incidenti già a partire dai primi giri. Al 25° passaggio la monoposto di Rolf Stommelen perde l'alettone posteriore, con il pilota che va a sbattere violentemente contro le barriere, uscendo fuori pista e uccidendo 4 persone, nonché rompendosi le gambe. Si prosegue nel caos, ma dopo 4 giri la direzione interrompe definitivamente la gara. Siccome non si è ancora raggiunto il 75% dei giri totali per assegnare punti, si procede con l'assegnazione del punteggio a metà: vince Jochen Mass, ma è una giornata memorabile per il sesto posto di Lella Lombardi, che ottiene così 0,5 punti. È un risultato storico: per la prima volta una donna riesce ad ottenere punti in un Gran Premio di Formula 1, un record tutto italiano che resiste da oltre 45 anni.

Nel successivo GP di Monaco Lella manca la qualificazione per la gara, che invece centra in tutti i 9 appuntamenti successivi, ma con scarsi risultati. Per l'ultimo GP stagionale, quello degli Stati Uniti a Watkins Glen corre con la Williams, dovendo dare forfait per un problema durante il warm-up.

---

[3] Il Circuito del Montjuïc era un circuito cittadino sito nella città di Barcellona. Inaugurato nel 1932, ha ospitato il Gran Premio di Spagna di Formula 1 in quattro edizioni (1969, 1971, 1973 e 1975).

Anche in questo anno partecipa alle 2 gare fuori campionato citate in precedenza, ritirandosi nella prima e tagliando il traguardo in 12ª posizione nella seconda.

Nel 1976 torna con March, partecipando all'appuntamento inaugurale in Brasile, dove è 22ª in qualifica e 14ª in gara. Partecipa ad altri 3 GP con la Brabham del team RAM Racing: in Gran Bretagna e in Germania manca la qualificazione, mentre in Austria chiude la gara al 12° posto. Questa è anche la sua ultima esperienza nella massima serie automobilistica.

Abbandonata la F1 la Lombardi è impegnata nel World Sportscar Championship (Campionato del mondo sportprototipi), nel quale in realtà milita già dal 1974, anno in cui corre una sola gara. Negli anni seguenti riesce ad ottenere anche risultati di spessore, tra i quali diversi successi di categoria.

Negli anni '80 si dedica al Campionato Europeo Turismo con l'Alfetta GTV6, cogliendo anche in questa categoria svariate vittorie di classe tra il 1982 e il 1985. Partecipa anche a 2 gare del DTM nel 1984 al Nürburgring.

Termina la sua carriera da pilota nel 1988 ed inizia quella da team manager, fondando la Lombardi Autosport. Muore di cancro il 3 marzo 1992 all'età di 50 anni.

L'ULTIMA DONNA IN F1: GIOVANNA AMATI

L'ultima donna a partecipare ad un Gran Premio di Formula 1 è **Giovanna Amati**, ingaggiata dalla Brabham nel 1992.

Prende parte ai primi 3 round del mondiale (Sudafrica, Messico e Brasile), ma a causa della scarsa esperienza e della poca competitività del mezzo, non riesce a qualificarsi per nessuna delle gare, venendo poi sostituita da Damon Hill.

Quella di Giovanna Amati rimane l'ultima esperienza di una donna al volante di una monoposto di F1 durante un GP. I record ottenuti dalle italiane nella massima serie sono dunque molteplici: prima donna a correre un GP, prima donna ad ottenere punti in un GP, ultima donna a partecipare ad un GP. Altro primato è il numero di rappresentanti del gentil sesso nella massima serie: ben 3 su 5 in totale. Le sole altre 2 donne ad aver partecipato ad un GP di F1 sono la britannica Divina Galica e la sudafricana Desiré Wilson.

DONNE E MOTORI, NON SOLO F1

Ma la quota rosa del bel paese nel mondo dei motori non si esaurisce con l'ultima apparizione di Giovanna Amati nel Circus iridato. Anzi, il gentil sesso inizia a far capolino sempre più spesso negli autodromi e soprattutto dal lato della pista. A stupire con le sue gesta è **Prisca Taruffi**, figlia di Piero. Nata a Roma l'8 luglio 1959, due anni dopo l'addio alle competizioni ufficiali del padre, Prisca si dimostra fin da piccola una vera amante degli sport, passando dallo sci fino al golf, non disdegnando pallavolo e tennis. Ma, come prevedibile, inizia a stringere fra le mani un volante a soli nove anni. Appena presa la patente inizia ad esprimere tutto il suo desiderio per la velocità esordendo nel 1984, a 23 anni, nel Trofeo Renault 5 sul circuito di Vallelunga. La sua passione per le quattro ruote prosegue sulle strade bianche, partecipando a diversi rally e laureandosi nel 1989 campionessa italiana e vice-campionessa europea di classe N1 con una Ford Sierra Cosworth. La pilota romana torna nuovamente sulle piste raccogliendo buoni risultati nel CIVT (il Campionato Italiano Turismo) come pilota ufficiale Ford e poi Alfa Romeo, nella scuderia del Portello. Non disdegna qualche apparizione con le più potenti GT di casa Porsche. Prima di appendere il casco al chiodo, dal 2004 si cimenta nei Rally Raid, partecipando a diverse edizioni del Rally des Gazzelles, arrivando terza nel 2008, e del Rally dei Faraoni.

Nel prosieguo della sua vita non vuole tagliare il doppio filo che la lega al mondo dei motori, diventando apprezzata opinionista televisiva, nonché giornalista, oltre a rivestire tutt'ora i panni di Direttore Tecnico nei corsi di Guida Sicura e Sportiva.

Negli anni '80 è ancora difficile per le donne trovare spazio in un mondo prettamente maschile. Ma le regole sono fatte per essere infrante: è questo il pensiero di **Romana Bernardoni**. Milanese, classe 1965 e figlia di Romano, fondatore della EmilianAuto Group e dirigente del Bologna Calcio, debutta a 25 anni nelle competizioni di auto storiche. Viene subito notata da Monica Sipsz che, con il marito Mauro, gestisce il team Nordauto nel CIVT (Campionato Italiano Velocità Turismo). Il debutto avviene nel 1991 al volante dell'Alfa Romeo 16V, che culmina dopo una stagione piena di lotte e soddisfazioni, con il quinto posto di classe N5. Purtroppo l'anno successivo, quello in cui ci si aspetta una svolta, non va come programmato, dovendo accontentarsi di un sesto posto finale.

Cambio di scenario, ma non di marchio: nel 1993 la vediamo impegnata con l'Alfa Romeo SZ nel GT Italiano, arrivando settima a fine anno, con miglior piazzamento un quinto posto a Varano.

L'anno successivo si ritorna al primo amore, il CIVT. Questa volta, con la Honda gestita dal Racing Box, va a trionfare nella classe N5. L'anno agonistico di Romana è denso di gare e soddisfazioni, giungendo terza nella Mini Cooper Cup Italia. Ci riprova nel 1996, sempre con il Racing Box, ma con una Rover, ottenendo il podio finale di classe N4.

Si torna al primo amore: la Bernardoni si riunisce con il team Nordauto, nel frattempo divenuto braccio armato nelle competizioni del Biscione. Il matrimonio funziona alla perfezione, vincendo nel 1998 la Classe 2000 del Touring Master Cup Italia. Dopo un anno trionfale una battuta d'arresto: solamente tredicesima nella stagione successiva.

Il binomio non si abbatte, decidendo di fare il grande salto, buttandosi nella mischia del ETCC con la 156. Il 2000 è un anno difficile e Romana deve fare i conti con due compagni del calibro di Fabrizio Giovanardi e Gabriele Tarquini, non riuscendo a fare meglio di un quindicesimo posto finale.

La stagione 2001 dell'ETCC inizia con i migliori auspici: decima in Ungheria, ottava in Austria e a Monza, nona a Brno. Ma nella penultima gara di campionato, disputatasi sul tracciato di Magny-Cours, accade l'imprevedibile: dopo un estenuante duello con Paolo Zadra, la milanese è vittima di un brutto incidente, fortunatamente senza gravi conseguenze. Torna nell'ETCC sempre con il rosso Alfa nel 2002 e per qualche gara sporadica nel 2003, prima di appendere il casco al chiodo. Non lascia il campo dell'auto, gestendo come amministratrice il gruppo di famiglia Emilianauto.

Quando la data di nascita fa presagire già quale sarà il futuro, verrebbe da pensare alla storia sportiva di **Tamara Vidali**, nata il 18 febbraio 1966, lo stesso giorno di Enzo Ferrari. La pilota trevigiana è una dei nomi di riferimento del Superturismo degli anni d'oro, dando parecchie volte filo da torcere ai colleghi maschi. Tutto nasce dalla passione del padre, che porta costantemente Tamara e i suoi due fratelli in pista per girare con i Kart. Il fuoco si è quasi spento nella giovane ragazza: fatta eccezione per qualche gara sporadica, le sue attenzioni si focalizzavano su tutt'altro. Il ritorno di fiamma avviene con i Rally ma, il piede pesante, in più di qualche occasione la fa trovare fuori strada. Così il ritorno in pista nel 1991 per mezzo di Mauro e Monica Sipsz che, con il loro team Nordauto, vogliono imbastire una squadra tutta al femminile affiancata da Romana Bernardoni. La Vidali fa scintille: il suo feeling con l'Alfa Romeo 33 Quadrifoglio Verde è immediato, tanto che l'anno successivo si laurea campionessa del CIVT (Campionato Italiano Velocità Turismo). Il binomio con la Nordauto prosegue anche nel biennio 1993-94 con la nuova 155, ma con meno fortuna, giungendo prima, sesta e decima al termine della stagione.

Il 1995 è ricco di cambiamenti: entrata in Audi, Tamara prende parte al campionato turismo tedesco (German Supertouring Championship), affianco ai più blasonati Hans Joachim Stuck e Frank Biela. Dopo un ottimo avvio, con il quarto posto ottenuto a Zolder e un terzo ad Hockenheim, la stagione prende una piega inaspettata a causa della mancanza di affidabilità della A4. Tuttavia, grazie alla costanza di rendimento, riesce a conquistare il nono posto finale.

La stagione successiva parte con grandi prospettive: l'Audi A4 è finalmente competitiva e, dopo i primi tre incontri, la trevigiana occupa la terza posizione in campionato. Ancora una volta la seconda parte di stagione si dimostra più complicata, tuttavia migliora il risultato finale con il settimo posto. L'Audi la chiama anche nel campionato spagnolo per disputare quattro gare spot.

Il 1997 segna un punto di arresto: l'Audi deve fare i conti con avversari più agguerriti e preparati. Come se non bastasse, è costretta a finire la stagione del Turismo tedesco con largo anticipo per via di un infortunio. L'unica nota positiva è la sua partecipazione alla 24 Ore di Bathurst nella compagine dei quattro anelli. Degna di nota la sua partecipazione, nel 1999, al Global GT Champions, categoria di supporto all'American Le Mans Series. Per Tamara le presenze in competizioni a quattro ruote diventano sempre più occasionali, come la partecipazione alla 24 Ore del Nürburgring in un equipaggio tutto al femminile composto da Ellen Lohr, Vanina Ickx e Sabine Schmitz. Ufficialmente si ritira dalle competizioni nel 2002 per dedicarsi alla sua attività di architetto, oltre a divenire consigliere comunale del comune di Chiarano.

Ma il richiamo alle corse è intrinseco nella pilota e, come una fenice, Tamara tre anni dopo ritorna a indossare tuta e casco. L'obiettivo è affrontare il Ferrari Challenge Trofeo Pirelli, in coppia con la compianta Maria De Villota, ottenendo ottimi risultati e il nono posto finale.

Complice Emilio Radaelli, responsabile Audi Sport Italia, Tamara fa il trionfale ritorno sulle Turismo nel campionato Superstars Italia. È il 2006 e, nella sua seconda gara della stagione, a Imola, conquista una strepitosa vittoria al volante della RS4. La sua marcia continua durante tutto l'anno conquistando altre due vittorie e quattro podi, divenendo vicecampione. Una conclusione degna di una carriera ricca di emozioni e soddisfazioni. La pilota subisce anche una trasposizione fumettistica, in quanto appare sull'albo N° 70 di Michel Vaillant "24 HEURES SOUS INFLUENCE", impegnata a combattere per i colori della Vaillant nella 24 Ore di Le Mans al fianco di Vanina Ickx ed al personaggio di fantasia Gabrièle Spangenberg.

NOTE DEGLI AUTORI

Le gare automobilistiche sono tutto questo: per alcuni un passatempo per bambini mai cresciuti, per altri uno stupido modo di sfidare la sorte. Ma per i veri appassionati sono tutto: sfidare i limiti delle vetture, o le leggi della fisica e della natura. Una scarica di adrenalina difficile da descrivere per chi non l'ha provata almeno una volta nella vita. Per i più pragmatici è l'incessante ricerca della tecnica per provare in pista le soluzioni della auto del domani.

Tutto ciò ha portato i pionieri della tecnica e del volante ad essere esaltati come leggende, quasi alla pari degli Dei dei miti greci e romani. Storia che si interseca con la leggenda per dare vita ad un racconto che si tramanda di padre in figlio fino ad arrivare ai giorni nostri.

Vite vissute al limite, con il rischio perennemente nascosto alla curva successiva. Molti hanno vinto, altri hanno pagato con la vita la loro passione, ma tutti hanno lasciato un segno indelebile nei nostri cuori.

Con il passare degli anni la sicurezza di vetture e piste è aumentata: passando dai caschetti di pelle e le balle di fieno a bordo strada, ai caschi integrali in carbonio e le barriere ad assorbimento d'urto dei giorni nostri. Ma il Motorsport resta uno sport pericoloso per uomini veri.

Lo sapevano i vari Nuvolari e Campari, così come Farina e Bandini o Giacomelli e Merzario… ma l'hanno accettato. Così come l'hanno accettato chi li ha seguiti nel tempo…